2019 年度贵州省哲学社会科学规划课题研究成果
贵州省教育厅人文社科重点研究基地“中国喀斯特地区乡村振兴研究院”项目资助

新时代经济高质量发展的金融协同路径研究

熊晓炼 著

中国财经出版传媒集团
中国财政经济出版社

图书在版编目（CIP）数据

新时代经济高质量发展的金融协同路径研究／熊晓炼著．--北京：中国财政经济出版社，2022.9
ISBN 978-7-5223-1532-4

Ⅰ.①新… Ⅱ.①熊… Ⅲ.①区域经济发展－研究－贵州②区域金融－协调发展－研究－贵州 Ⅳ.①F127.73②F832.773

中国版本图书馆CIP数据核字（2022）第114695号

责任编辑：彭 波　　责任印制：史大鹏
封面设计：卜建辰　　责任校对：张 凡

中国财政经济出版社 出版
URL：http：//www.cfeph.cn
E-mail：cfeph@cfeph.cn

社址：北京市海淀区阜成路甲28号 邮政编码：100142
营销中心电话：010-88191522
天猫网店：中国财政经济出版社旗舰店
网址：https：//zgczjjcbs.tmall.com
北京财经印刷厂印刷 各地新华书店经销
成品尺寸：170mm×240mm 16开 13.5印张 200 000字
2022年9月第1版 2022年9月北京第1次印刷
定价：68.00元
ISBN 978-7-5223-1532-4
（图书出现印装问题，本社负责调换，电话：010-88190548）
本社质量投诉电话：010-88190744
打击盗版举报热线：010-88191661 QQ：2242791300

前　言

党的十八大以来，贵州经济呈现了快速发展的“黄金十年”，贵州脱贫攻坚取得了全面胜利，西部欠发达的贵州省以其特有的方式探寻着后发赶超的高质量发展道路。金融作为现代资源配置的重要方式，是否在贵州经济高质量发展中发挥了协同效应？进入“十四五”新时期，贵州以“四轮驱动”对准高质量发展的主攻方向，努力实现新突破，需要金融如何协同发力？

本书从新时代新阶段发展背景，阐述研究的目的与意义，在综述相关文献的基础上，界定高质量发展与经济高质量发展、区域金融与区域金融发展的内涵，基于系统论视角阐释金融协同经济高质量发展的作用机制；分析贵州经济发展质量特征、新时代贵州经济高质量发展的要求与特征，构建贵州经济高质量发展系统评价指标体系，以贵州省省域及下辖市州为样本，以2011～2019年为考察期间，运用熵权法评价贵州省省域及下辖市州经济发展质量，总结发展趋势及区域差异特征；从金融行业和普惠金融角度分析贵州省银行、证券、保险业及数字普惠金融发展趋势，构建贵州省金融发展评价指标体系，评价贵州省省域及下辖市州金融发展水平；构建金融协同经济高质量发展的复合系统，阐释复合系统的运作方式，运用哈肯模型推断复合系统的演化规律，判断贵州省省域及下辖市州复合系统协同实现状况，对已实现协同的市州测度协同水平，分析协同演化的趋势及有序协同序参量的识别，找出不同市州影响协同有序演进的决定因素；总结贵州省金融协同经济高质量发展存在的问题与现实障碍，提出新时代贵州省金融协同经济高质量发展的路径与对策。

作者

2022 年 3 月

目　录

新时代经济高质量发展的金融协同路径研究
Chapter 1

第一章 绪　　论

第一节 问题的提出

经过长期努力，中国特色社会主义进入了新时代，这是我国发展新的历史方位。新时代不仅是改革开放理论与实践在新时期的传承与发展，也是对改革开放以来伟大实践进程的成就与经验总结。高质量发展、经济结构战略性调整以及创新加快是这一时期中国新阶段发展的鲜明特征：经济增长速度放缓从高速增长逐步转向中高速增长，经济发展方式转变从规模速度型的粗放增长转向质量效率型的集约增长，经济结构调整从以增量扩能为主逐渐转向调整存量、做优增量并举的深度调整，经济发展动力改变从传统增长点开始转向新的增长点。西部大开发战略实施 20 多年来，尤其是新时代背景下西部欠发达的贵州省以其特有的方式探寻着后发赶超的高质量发展道路，贵州省以改革的先导与突破，大胆闯、敢尝试，在推进我国西部大开发、构建新格局的创新性探索中打造了“贵州样板”。

2022 年 1 月 26 日，《国务院关于支持贵州在新时代西部大开发上闯新路的意见》（国发〔2022〕2 号）发布，赋予贵州“西部大开发综合改革示范区”“巩固脱贫攻坚成果样板区”“内陆开放型经济新高地”“数字经济发展创新区”“生态文明建设先行区”的“四区一高地”战略定位，围绕支持贵州省闯新路提出了很多量身定做、突破性的倾斜政策①，这是以习近平同志为核心的党中央为贵州经济高质量发展政策性支持的标志性大事，也是新时期贵州迈开新征程的里程碑。贵州新时代发展足迹的回顾与经验总结及未来

---

① 中共贵州省地矿局委员会关于贯彻落实《国务院关于支持贵州在新时代西部大开发上闯新路的意见》的实施意见［R/OL］.（2022－03－28），贵州省低质矿产勘查开发局，http：//dk. guizhou. gov. cn/xxgk/zfxxgk _ 2021/fdzdgknr/lzyj/zcwj _ 24729/202203/t20220328 _ 73150020. html.

征程的展望，对贵州及其他欠发达省区高质量发展具有传承与借鉴意义。

一、研究背景

（一）持续10年的后发赶超，贵州迈向社会主义现代化建设的新征程

党的十八大以来，贵州省综合实力大幅跃升，历经“黄金十年”的后发赶超，贵州省地区生产总值在全国的排位由2010年的第31位提升到2020年的第20位。从图1.1可知，贵州省地区生产总值在“十二五”期间的年均增速为12.4%，超出全国年均增速3个百分点；“十三五”期间的年均增速虽有所下降，但仍达到了8.5%，在全国经济增速总体减缓的情况下，贵州省仍以增速保持前三位赶在全国前列。贵州省在“十二五”期间、“十三五”期间取得的历史性成就为新时期迈向“十四五”社会主义现代化建设的新征程奠定了坚实的基础。

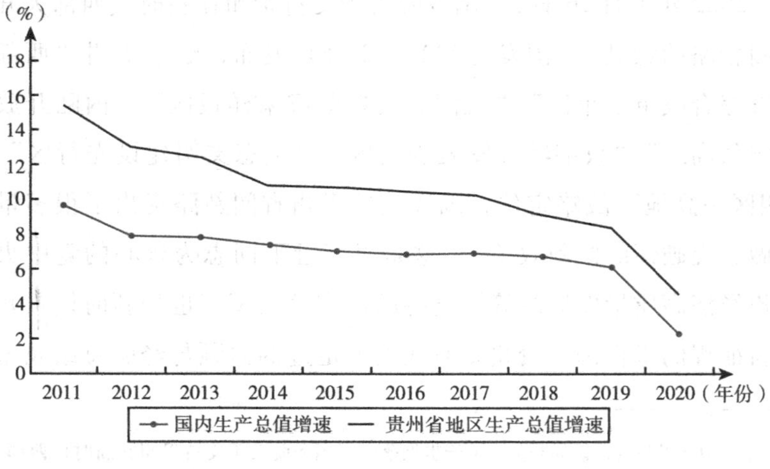

图1.1 2011~2020年贵州省地区生产总值与全国国内生产总值增速

数据来源：贵州省统计局。

（二）决胜脱贫攻坚的贵州样板，新时代的新贵州现象

“十三五”期间，贵州省贫困人口减少了 341 万人，贫困发生率下降了 9.75%，至2020 年全省最后 9 个贫困县退出贫困序列，脱贫攻坚取得全面胜利。作为中国脱贫攻坚的主战场，贵州省历经了全国最大规模的易地扶贫搬迁，实施了产业扶贫、生态补偿、教育医疗扶助、基础设施建设等精准脱贫工作。在决胜脱贫攻坚的阶段，贵州省结合省情与自身具有比较优势的特色产业，围绕结构性转型发展，呈现出产业经济总量扩大、“工业型经济”与“服务型经济”并进、产业结构与布局更优化、脱贫攻坚成果衔接乡村振兴等新时代贵州省特有的新现象。“走出一条有别于东部、不同于西部其他省份的发展新路”，这既是习近平总书记对贵州发展的要求，也是贵州省发展的思路与定位，贵州省正按照总书记的要求以实干精神不断地努力实践着。

（三）贵州省高质量发展的“四轮驱动”，高质量金融协同是保障

“四轮驱动”是贵州对准高质量发展的主攻方向，即通过推动新型工业化、新型城镇化、农业现代化和旅游产业化四大驱动实现新突破。作为现代经济资源配置重要方式之一的“金融”，在促进资源的有效配置以满足各部门需求等方面发挥着重要作用，高质量的金融协同是贵州实现高质量发展的重要保障。

长期以来，贵州省在发展新型工业化、新型城镇化、农业现代化和旅游产业化的过程中均存在着金融支持不足的问题，主要表现为资金需求大而传统信贷渠道支持力度不足等方面。首先，新型工业化发展要求传统工业产业进行转型升级，因企业规模、融资渠道单一等原因，自身进行技术改造、环保更新等存在一定风险，加深了“融资难”的问题，而信贷风险补偿基金在贵州省尚处于探索阶段，政策性融资担保能力不足；其次，新型城镇化建设因其资金投入量大、持

续周期长，具有成本高、风险大的特点，导致追求利润最大化的商业性金融机构不愿介入，同时城镇化建设资金较多依赖于政府财政、投融资主体较单一、融资平台存在风险、缺少匹配的专项金融产品支持和投融资路径不畅通等问题；再次，构建现代农业体系是一个系统性工程：以贵州特色农业资源禀赋，在保护生态的前提下打造规模适度的产业链型农业，需要合理组织生产要素投入，尤其需要投入大量资金，此外，现代化农业设施建设具有中长期性及对流动资金的需求，而农业自身风险大、周期长的特点决定了农业现代化建设对资金的吸引力有限；最后，旅游产业的基础建设投资相对较大，收回投资的周期较长，长期稳定性的盈利缺乏可靠保证，且贵州旅游产业化发展相对层次低，对银行信贷资金吸引力弱，银行业机构的“慎贷”制约了信贷支持力度。以四轮驱动实现贵州高质量发展不仅是一个经济增长和结构优化的过程，更是一个需要不断协同的金融体制进行改革创新的过程，积极探索金融协同贵州高质量发展的路径，为实现高质量探寻金融驱动力。

二、研究意义

（一）理论意义

1. 从系统论角度，探讨金融协同经济高质量发展复合系统的构成与运作

从现有文献看，关于经济高质量发展与金融发展的相关研究，大多从经济高质量发展或金融发展的单一角度展开。就现实而言，在新时代背景下，金融与经济发展质量实际上早已经构成一张复杂的关系网，彼此之间相互牵连和影响。却鲜有学者从系统论视角出发，将两者联系起来系统阐释金融影响经济高质量发展的作用机制。因此，本书将经济高质量发展与金融发展联系起来，将两者纳入一个复合系统，研究复合系统的构成及内部两个子系统的联系与运作，从复合系

统内部协同角度探讨金融协同经济高质量发展问题，是对经济高质量发展和金融发展相关理论研究的拓展，是系统论在金融经济领域的运用与拓展。

2. 系统揭示省域金融协同经济高质量发展复合系统的发展与演变规律

金融协同经济高质量发展复合系统经历内部子系统的磨合发展，在实践中演化的结果具有阶段性，一定时期内可能未实现协同，缺乏有序协同的机制；也可能呈现一定协同趋势与演化规律。目前对于该复合系统发展与演变的相关研究较少，尚未形成规律性的总结与相对成熟的理论。本书基于贵州省省域和市州级相关指标数据，从省域和市州两个层面，分析该复合系统在新时代前后的协同情况以及演变规律，发现不协同的区域及协同区域的差异和特征，试图系统地揭示出贵州省省域及各州市金融协同经济高质量发展协同演变的决定性因素，挖掘已实现协同市州协同水平差异的原因，以及金融协同区域经济高质量发展中存在的不足，为区域差异化政策的制定提供理论依据。

（二）现实意义

1. 对贵州省及下辖市州金融协同经济高质量发展复合系统协同状况及演变形成立体把握

以贵州省及下辖市州为样本，从现实角度出发，分析省域及下辖市州金融协同经济高质量发展复合系统的运行状况。采用哈肯模型判断复合系统的运行规律，判断贵州省及下辖市州复合系统是否存在协同机制，找出尚未达到协同的市州，在已实现协同的市州中识别复合系统有序协同的序参量，找到影响协同演变的决定性因素，为实现协同水平提高有效途径的探寻提供依据。在已实现协同的市州中，通过协同水平的变化规律，总结演变规律划分协同类别，最终对贵州省及下辖市州金融协同经济发展质量状况形成一个立体的了解和把握，为新时代背景下，贵州省进行金融改革、金融创新，让金融更好地服务经济，助推经济高质量发展提供决策参考。

2. 比较分析贵州省各市州金融协同经济高质量发展的差异及原因，为差异化区域金融资源配置提供依据

由于省内各区域间金融与经济发展存在的差异性，金融协同高质量发展的效果也存在差别。在对复合系统协同演变规律判断以及已协同市州协同水平变化情况形成立体把握的基础上，从区域层面，进一步深入地挖掘各市州金融发展与经济高质量发展之间的促进或一致关系，以及两者分别对复合系统有序发展产生的作用，分析存在的差异及特征，为区域金融资源配置匹配经济发展质量提供参考。也为各市州结合自身实际情况，构建金融协同经济高质量发展协同机制，探寻布局与实施的切入点。

3. 探寻金融协同贵州省经济高质量发展的路径，为金融服务实体经济的政策制定提供参考

金融体系服务不同区域，有不同的协同模式，各区域金融机构在结合区域经济实际状况的前提下，以高质量的产品和服务创新支持经济发展，是构建金融协同经济高质量发展的重要方面，也是提高复合系统协同水平的重要措施。本书根据贵州省及各市州复合系统协同机制构建的实际，基于对贵州省及下辖市州金融协同高质量发展的协同状况判断以及区域差异性分析的基础之上，有针对性地探寻两者形成有序协同的路径，试图为贵州金融协同经济高质量发展的协同路径探寻具体措施，为贵州省相关金融政策的制定，以及金融更好地服务实体经济转型、助力经济高质量发展，具有一定的参考价值。

三、研究目的

（一）从系统论视角构建金融协同经济高质量发展的互动机制

从系统论视角，认为金融与经济高质量发展之间并不只是简单的相互影响和作用的关系，应将两者的协同发展视为一个复合系统下的

两个子系统，它们动态地进行交换与交流，推进复合系统的演进，相互作用会随着时间的推进从无序变为有序，在这个过程中，两者间若存在协同机制，即两者协同发展；否则两者尚未实现协同。在复合系统演化的过程中，构成复合系统的两个子系统间必然已通过各构成要素之间的相互流动、相互影响及制约等形成特有的互动机制。如果需要提高金融协同经济高质量发展的协同效果，必须从复合系统运作及两个子系统的互动机制出发，对金融发展与经济发展质量在复合系统中的促进或制约关系形成充分认识，探寻贵州省及各市州复合系统在时间和空间上的匹配规律，识别金融协同经济高质量发展的关键因素，有效构建金融协同经济高质量发展的互动机制。

（二）发现贵州省及下辖市州协同机制是否形成及决定协同有序演变的因素

基于贵州省各市州存在经济质量差异，本书从省域协调角度出发，试图寻找该差异背后存在的金融协同性因素，认为合理的金融资源配置是缩小省域内区域差异，实现省域协调发展的有效途径。通过对各市州经济高质量发展和金融发展评价指标体系的构建，测度出贵州省及下辖市州经济发展质量和金融发展水平。构建金融协同经济高质量发展复合系统，理论上分析该复合系统内部运作机制，利用哈肯模型，判断协同演变规律并发现市州域内协同机制是否建立，通过对已形成协同市州与尚未形成协同市州的对比，发现金融发展水平对复合系统协同的决定性作用，为经济发展质量区域差异找到金融驱动性原因，为以区域差异化金融政策的制定提高金融协同水平提供参考。

（三）立足贵州经济快速发展与相对落后的现实，从新时代高质量发展的特征，探析金融协同贵州经济高质量发展的有效路径

在充分认识贵州经济快速发展与成绩的基础上，结合“十四五”创新发展驱动的现实，评价贵州经济发展质量水平及区域差异，通过理论与实证发现贵州省金融协同经济高质量发展过程中存在的问题。针对存在问题，试图从金融发展的角度，对贵州省金融资源相对匮乏、金融发展不均衡、区域资金吸引力弱、金融创新不足及合作共享机制待加强等方面进行深入分析，总结贵州省在金融协同发展中存在的现实障碍。从新时代背景下贵州高质量发展的特征出发，结合金融协同经济高质量发展的互动机制，以解决存在的问题及现实障碍进而提高金融协同效果为目标，探索金融协同贵州经济高质量发展的有效路径。协同路径的提出与设计，尝试为贵州省金融更好地服务实体经济，促进经济高质量发展提供决策参考。

第二节　相关文献综述

一、高质量发展相关文献回顾

（一）关于经济高质量发展内涵与评价体系的研究

国内高质量发展相关研究是基于经济增长、经济发展研究的延伸，在国外研究的基础上，结合中国高质量发展的实际展开，成果相对颇丰。研究主要集中在：经济高质量发展内涵与指标体系评价、产业高质量发展与高质量发展的影响因素三个方面。

1. 关于经济高质量发展内涵与指标体系评价的研究

关于经济高质量发展的内涵，早期国外学者 Kuznets Simon (1973)[①] 认为经济结构的转变是影响经济增长速度的原因，虽然观点系统性不足，但是对于我国经济高质量发展相关研究有着重要的启示。目前，对于其内涵界定学术界尚未形成统一见解，大致概括成以

① Kuznets Simon, 1973. Modern Economic Growth: Findings and Reflections [J]. American Economic Review, American Economic Association, vol. 63 (3), pages 247 – 258, June.

下几种观点。

（1）宏微观经济质量说。

该观点从宏微观视角将经济高质量发展分成微观、中观和宏观三部分，具体对应的是企业、政府和市场。三者相互协调、相互发展，共同创建出一个企业有生机、市场有活力的宏观调控体系（龙军民，2021[①]；刘迎秋，2018[②]；胡敏，2018[③]）。

（2）社会矛盾变化说。

进入新时代，广大居民的需求不再局限于温饱，将追求更多高品质的物质生活。这就要求市场要调结构、促发展，以解决当前发展的非均衡性与人民日益增长的美好生活需要之间的矛盾，经济高质量发展就是为了解决当前社会主要矛盾的经济发展（高培勇，2019[④]；杜人淮和马会君，2020[⑤]；王维平和牛新星，2021[⑥]）。

（3）马克思政治经济学理论说。

从唯物辩证法的马克思政治经济学认为，经济质量的发展是长期以来难以解决的问题，可通过调整社会内部各要素之间的关系来提升质量。因此经济高质量发展应从事物本质即“质量”来下定义（金碚，2018[⑦]；张俊山，2019[⑧]；张存刚和王传智，2021[⑨]）。

---

① 龙军民．“内循环”视角下探讨经济高质量发展的贵州路径［J］．质量与市场，2020，4（9）：110－112.

② 刘迎秋．中小民营企业及其高质量发展的路径选择［J］．光彩，2018（12）：23－25.

③ 胡敏．高质量发展要有高质量考评［N］．中国经济时报，2018－01－18（5）.

④ 高培勇．理解、把握和推动经济高质量发展［J］．经济学动态，2019（8）：3－9

⑤ 杜人淮，马会君．深刻把握新时代经济高质量发展的理论内涵［J］．观察与思考，2020，4（5）：5－16.

⑥ 王维平，牛新星．试论“双循环”新发展格局与经济高质量发展的良性互动［J］．经济学家，2021，4（6）：5－12.

⑦ 金碚．关于“高质量发展”的经济学研究［J］．中国工业经济，2018（4）：5－18.

⑧ 张俊山．对经济高质量发展的马克思主义政治经济学解析［J］．经济纵横，2019（1）：36－44.

⑨ 张存刚，王传智．经济高质量发展的内涵、基本要求与着力点——一个马克思主义政治经济学的分析视角［J］．兰州文理学院学报（社会科学版），2021，37（1）：91－95.

（4）新发展理念说。

创新、协调、绿色与共享是新发展理念的要义。基于新发展理念，经济高质量发展需要从转变发展方式、经济结构优化、增长动力转向创新这三个方面进行界定（杨伟民，2018①；周文和李思思，2021②；任保平和朱晓萌，2022③）。

根据不同的内涵界定，学者们建立的经济高质量发展评价体系有以下几类：

一是三维度评价指标体系。从新发展理念说的内涵界定出发，将经济高质量发展体系划分成发展基本面、社会成果、生态成果三个维度，运用变异系数法对国内各地级市以上的城市进行发展情况评价，总结我国经济高质量发展的分布特征（师博和张冰瑶，2019④）。

二是五维度评价指标体系。以新发展理念的五个方面，包括创新、协调、绿色、开放和共享作为经济高质量指标体系的五个维度展开，运用熵值法对新时代背景下的各国和我国的粤港澳等城市群进行经济高质量发展评价（张景波，2019⑤；刘亚雪等，2020⑥；凌连新和阳国亮，2021⑦）。

三是六维度评价指标体系。在五大发展理念的基础上，增加经济稳定这一维度，构建出六个维度10个方面的评价体系，并运用熵值法对新

---

① 杨伟民．贯彻中央经济工作会议精神　推动高质量发展［J］．宏观经济管理，2018（2）：13－17.

② 周文，李思思．全面理解和把握好高质量发展：内涵特征与关键问题［J］．天府新论，2021，4（4）：109－117.

③ 任保平，朱晓萌．新经济背景下我国企业高质量竞争新优势的培育［J/OL］．重庆工商大学学报（社会科学版），2022（4）.

④ 师博，张冰瑶．全国地级以上城市经济高质量发展测度与分析［J］．社会科学研究，2019（3）：19－27.

⑤ 张景波．城市经济高质量发展的空间差异及收敛性研究［D］．大连：东北财经大学，2019.

⑥ 刘亚雪，田成诗，程立燕．世界经济高质量发展水平的测度及比较［J］经济学家，2020（5）：69－78.

⑦ 凌连新，阳国亮．粤港澳大湾区经济高质量发展的评价与靶向路径研究［J］．统计与信息论坛，2021，36（6）：120－128.

时代背景的国内各省域进行经济高质量发展情况特点进行评价与分类，揭示出我国经济高质量发展的水平分布规律（魏敏和李书昊，2018）[①]。

四是“足球形”评价指标体系。从经济高质量宏微观内涵界定出发，建立在现有新发展理念上，构建经济增长速率、经济稳定运行、产业结构比例、技术创新水平、市场配置效率、政府公共服务、社会基本保障、人民美好生活和生活环境质量九个维度共23个指标的评价体系，运用熵权—变异系数法来评价我国西部地区的经济高质量发展情况（原伟鹏和孙慧，2021）[②]。

（二）关于产业高质量发展的研究

产业发展质量是经济高质量的重要组成，较多学者将高质量发展细化地研究产业发展质量，涉及制造业、旅游业、文化产业、农业等。

稳定就业是推动制造业高质量发展的首要任务，大力培养高素质人才，引入技术岗位服务高端制造业以促进制造业的产业结构升级（邱玥，2020[③]；荣晨，2021[④]）。此外，还需要政府牵头社会投资、协助企业进行技术创新，增强制造业的竞争优势（李宗显和杨千帆，2021[⑤]；余晖，2021[⑥]；陈富良和田刚元，2021[⑦]；吴东武等，2021[⑧]）。

---

① 魏敏，李书昊．新时代中国经济高质量发展水平的测度研究［J］．数量经济技术经济研究，2018，35（11）：3－20.

② 原伟鹏，孙慧．改革开放40年我国西北地区经济高质量发展评价［J］．新疆大学学报（哲学·人文社会科学版），2021，49（1）：23－33.

③ 邱玥，何勤，董晓雨．人工智能技术应用会减少制造业企业的就业机会吗？——以珠江三角洲制造业企业为例［J］．中国劳动关系学院学报，2020，34（6）：112－120.

④ 荣晨．推动制造业高质量发展须把“稳就业”放在突出位置——兼析新一轮科技革命进程中的就业结构变化［J］．价格理论与实践，2021，4（2）：25－29.

⑤ 李宗显，杨千帆．数字经济如何影响中国经济高质量发展？［J］．现代经济探讨，2021（7）：10－19.

⑥ 余晖．推动制造业高质量发展的四大着力点［N］．社会科学报，2021－06－17（2）.

⑦ 陈富良，田刚元．黄河流域制造业高质量发展的动力与路径［J/OL］．人民黄河：1－5［2021－07－29］．http：//kns. cnki. net/kcms/detail/41. 1128. TV. 20210709. 1129. 002. html.

⑧ 吴东武，史毓沛，叶勇博．广东省制造业高质量发展水平评价研究［J］．五邑大学学报（社会科学版），2021，23（2）：60－65，93－94.

农业高质量发展需要实现“数量”向“质量”的转变，要提高农民的农业素养、扩充农业人才储备、减少人力资源外溢等状况（张默和孙科，2021①；夏鹤，2021②）。此外，还需要大力投资农村基础设施，借助企业、高校科研力量，因地制宜地开发出符合区域特色的农业经营方法（李惠和严中成，2021③；郭楚月和曾福生，2021④；王有军，2021⑤）。

推动旅游业高质量发展的核心应为旅游业与文化产业的结合，精准打造文旅融合模式。站在客户需求角度，创造文旅品牌和大力发展交通基础设施来保障文旅产业融合发展（石燕和詹国辉，2021）⑥。实现乡村振兴，一定要明确自身特色，同时挖掘该区域独特的文化记忆，构建乡村旅游的发展空间，提升核心竞争力（陈丽芳和董蕾，2021⑦；张祝平，2021⑧）。

生产性服务业高质量发展，是产业结构升级的重要体现，通过政府大力引导民间投资，生产领域应用信息技术，加快发展供应链管理并采用国际化标准去衡量，提升生产性服务业对外开放水平。此外，应推动制造业与生产性服务业的融合协同发展，以促进制造业的产业

① 张默，孙科．农业高质量发展理论内涵、水平测度及评价研究［J］．农业经济，2021，4（5）：6－8.

② 夏鹤．海南省农业高质量发展水平测度分析［J］．山西农经，2021，4（10）：27－29.

③ 李惠，严中成．关于我国农业高质量发展的文献综述［J］．农业与技术，2021，41（12）：8－13.

④ 郭楚月，曾福生．农村基础设施影响农业高质量发展的机理与效应分析［J/OL］．农业现代化研究，（3）（4）（5）：1－9［2021－07－21］．https：//doi.org/10.13872/j.1000－0275.2021.0074.

⑤ 王有军．推进种植业结构调整　促进农业高质量发展［J］．现代农机，2021，4（3）：30－31.

⑥ 石燕，詹国辉．文旅融合高质量发展的指数建构、影响因素与提升策略——以江苏为例［J］．南京社会科学，2021，（4）（7）：165－172.

⑦ 陈丽芳，董蕾．乡村振兴背景下少数民族地区文化产业高质量发展的路径［J］．云南民族大学学报（哲学社会科学版），2021，38（4）：46－52.

⑧ 张祝平．以文旅融合理念推动乡村旅游高质量发展：形成逻辑与路径选择［J］．南京社会科学，2021，4（7）：157－164.

结构升级，为制造业提供核心技术支持（王佳元等，2018[①]；刘弈和夏杰长，2018[②]；夏杰长和肖宇，2019[③]；曹景林和张子贤，2021[④]）。

（三）关于高质量发展的影响因素研究

人口老龄化、环境规制、科技创新、数字化转型和研发投入等均是学界关注的影响高质量发展的重要因素。人口老龄化通过创新发展这一主要中介变量对高质量发展发挥显著的促进作用（闫海春，2020[⑤]；符建华和曹晓晨，2021[⑥]），也有研究从经济学供需视角论证人口老龄化通过对经济增长的影响抑制高质量发展（何冬梅和刘鹏，2020）[⑦]。此外，随着绿色发展观念的不断加强，环境规制也受到越来越多的学者关注。早期国外学者发现波兰实施的二氧化硫和氢氧化物的排放限制政策对经济增长具有显著抑制性（Gray，1987）[⑧]。此后，他们认为适当的环境规制对高质量发展具有显著的促进作用（王群勇和陆凤芝，2018[⑨]；石华平和易敏利，2020[⑩]）。环境规制与

---

① 王佳元，李子文，洪群联．推动服务业向高质量发展［J］．宏观经济管理，2018（5）：24－29，63.

② 刘奕，夏杰长．推动中国服务业高质量发展：主要任务与政策建议［J］．国际贸易，2018（8）：53－59.

③ 夏杰长，肖宇．生产性服务业：发展态势、存在的问题及高质量发展政策思路［J］．北京工商大学学报（社会科学版），2019，34（4）：21－34.

④ 曹景林，张子贤．生产性服务业是推动经济高质量发展的“新引擎”吗？［J］．统计与信息论坛，2021，36（6）：84－93.

⑤ 闫海春．促进还是抑制？人口老龄化对经济高质量发展的影响——基于内蒙古自治区的实证研究［J］．湖北民族大学学报（哲学社会科学版），2020，38（2）：60－67.

⑥ 符建华，曹晓晨．人口老龄化对中国经济高质量发展的影响研究［J］．经济问题探索，2021（6）：44－55.

⑦ 何冬梅，刘鹏．人口老龄化、制造业转型升级与经济高质量发展——基于中介效应模型［J］．经济与管理研究，2020，41（1）：3－20.

⑧ GRAY W B. The Cost of Regulation：OSHA，EPA and the Productivity Slowdown［J］. American Economic Re－view，1987，77（5）：998－1006.

⑨ 王群勇，陆凤芝．环境规制能否助推中国经济高质量发展？——基于省际面板数据的实证检验［J］．郑州大学学报（哲学社会科学版），2018，51（6）：64－70.

⑩ 石华平，易敏利．环境规制对高质量发展的影响及空间溢出效应研究［J］．经济问题探索，2020（5）：160－175.

高质量发展呈“U”形特点，跨过拐点后通过绿色、发展和共享三个渠道起到显著促进的效果（范庆泉等，2020[①]；原伟鹏等，2021[②]）。在数字化转型不断深入的背景下，数字化转型对高质量发展起着显著的促进作用，但是随着经济质量的提升，其显著性不断减弱，且数字化转型与创新能力互相融合同步作用于高质量发展（张景波，2020[③]；肖仁桥等，2020[④]；丁志帆，2020[⑤]；李柏洲和张美丽，2021[⑥]）

二、金融发展相关文献回顾

关于金融发展的研究始于 J. G. Gurley（1955）和 E. S. Shaw（1956）[⑦]在各自代表作中阐释的金融发展理论。R. I. Mckinnon（1973）[⑧]、E. S. Shaw（1973）[⑨]分别创立的“金融深化理论”和“金融抑制论”则标志着金融发展理论的正式形成，此后各国学者对金融发展的相关问题不断进行深入研究。研究成果主要集中在金融发展内涵、金融发展水平评价体系以及金融发展的影响因素等方面。

---

① 范庆泉，储成君，高佳宁．环境规制、产业结构升级对经济高质量发展的影响［J］．中国人口·资源与环境，2020，30（6）：84－94.

② 原伟鹏，孙慧，闫敏．垂直型环境规制对我国经济高质量发展的影响研究［J］．华东经济管理，2021，35（5）：71－811.

③ 张景波．科技创新对区域经济高质量发展的影响——基于中国城市的实证分析［J］．山东科技大学学报（社会科学版），2020，22（4）：88－95.

④ 肖仁桥，沈路，钱丽．新时代科技创新对中国经济高质量发展的影响［J］．科技进步与对策，2020，37（4）：1－10.

⑤ 丁志帆．数字经济驱动经济高质量发展的机制研究：一个理论分析框架［J］．现代经济探讨，2020（1）：85－92.

⑥ 李柏洲，张美丽．数字化转型对区域经济高质量发展的作用机理研究——区域创新能力的调节作用［J/OL］．系统工程：1－13［2021－07－29］．http：//kns. cnki. net/kcms/detail/43. 1115. N. 20210729. 1029. 002. html.

⑦ 约翰·格利，爱德华·肖．金融理论中的货币［M］．贝多广，译．上海：上海三联书店，上海人民出版社，1994.

⑧ 麦金农．经济发展中的货币与资本［M］．卢骢，译．上海：上海三联书店，1988.

⑨ 爱德华·肖．经济发展中的金融深化［M］．邵伏军，等，译．上海：上海三联书店，1988.

（一）关于金融发展内涵的研究

从金融发展概念提出以来，其内涵经历长期发展之后不断丰富，国内外学者主要从金融结构优化、金融制度变迁、金融功能演进以及金融分工与金融现代化等视角对金融发展内涵进行探讨。

早期金融发展理论认为金融结构的优化是金融发展的实质，金融发展是金融结构短期和长期调整的结果（Goldsmith，1969①）。但学者们对金融结构的看法并不统一，Goldsmith 定义金融结构为金融工具与金融机构的相对规模；之后，有学者在 Goldsmitn 的基础之上提出金融发展不只局限于金融工具和金融结构改变，还包括金融衍生商品、实体经济与虚拟经济等金融因素在不同时空的变化与构成（白钦先，2003②；范晓璇，2020③）。与金融结构观不同，金融制度变迁观认为与金融相关的产权、法律等制度体系的变化更能准确地反映一国的金融发展过程（李义奇，2005④）。从内生金融理论的视角出发，研究得出我国金融未来发展应包含合理的产权和法律制度体系（江春和许立成，2006⑤）。近期，通过构建金融制度质量评价体系也证明了高质量的金融制度是金融良好发展的基础（王军和常红，2020⑥）。

金融功能观的出现使得金融发展内涵的探讨由金融自身转向了功能演进角度，这一观点定义金融发展本质上是金融功能的完善，并提

---

① 雷蒙德·W. 戈德史密斯. 金融结构与金融发展［M］. 周朔，等，译. 上海：上海三联书店，1994.

② 白钦先. 百年金融的历史性变迁［J］. 国际金融研究，2003（2）：59－63.

③ 范晓璇. 基于金融结构视角的金融发展方式转变探讨［J］. 商讯，2020（4）：70－71.

④ 李义奇. 金融发展与金融制度变迁［J］. 郑州大学学报（哲学社会科学版），2005（2）：134－137.

⑤ 江春，许立成. 内生金融发展：理论与中国的经验证据［J］. 财经科学，2006（5）：1－8.

⑥ 王军，常红. 制度环境、金融发展与经济增长［J］. 学习与探索，2020（6）：108－116.

出金融功能是判断和衡量金融发展的重要标准（柳艳舟等，2003①）。进一步地，金融发展可以被认为是金融产业以一定的实体经济要素为基础，经过不断创造、组合并优化金融要素来强化金融功能演进的过程（孙伟祖，2005②）。从亚当·斯密分工思想在金融领域的延伸与拓展中产生的金融分工观，揭示了金融发展的本质：金融分工出现和深化的过程，金融分工及其演进是驱动金融发展的主要力量（蔡彬彬和郭熙保，2005③）。伴随计算机迅速普及与科技的快速发展，金融现代化观提出金融发展意味着自动化和电脑化在金融业务方面的深度应用以及电子银行、电子货币的广泛使用（陈景辉，2000④）。但有学者并不赞同这种看法，认为金融发展现代化不等同于新信息技术在金融业的应用，而是金融观念、金融技术、金融制度等全方位的进步，以及金融在整个市场资源配置中发挥基础作用的状态（华桂宏，2005⑤；华桂宏等，2006⑥）。另外，建立多层次的金融体系、发展综合监管模式、坚持市场在资源配置中起决定性作用，提高金融要素配置效率才是真正的金融发展现代化（程同顺和薛乃亢，2019⑦）。

（二）关于金融发展水平评价体系的探讨

国内学者对金融发展水平评价体系研究颇多，但究竟选用哪些指标来构建综合评价体系并未形成统一的认识。目前形成的金融发展评

---

① 柳艳舟，田翠香，乔宗铭．功能与结构观：金融发展和金融深化的内涵［J］．广西社会科学，2003（6）：56－58.

② 孙伟祖．功能观视角下的金融发展理论及其延伸［J］．广东金融学院学报，2005（5）：8－13，79.

③ 蔡彬彬，郭熙保．金融分工：一种新的金融发展分析框架［J］．经济科学，2005（4）：85－98.

④ 陈景辉．浅析全球金融业发展的新趋势［J］．大连民族学院学报，2000（1）：37－40.

⑤ 华桂宏．论金融现代化的性质［J］．中国经济问题，2005（3）：55－62.

⑥ 华桂宏，朱瑾，成春林．论推进中国金融现代化——一个基于金融约束的视角［J］．经济问题探索，2006（2）：139－142.

⑦ 程同顺，薛乃亢．新时代金融治理现代化［J］．学习论坛，2019（5）：32－40.

价体系主要有以下几类。

1. 两维度评价体系

对金融发展水平的评价最初是从两个维度的评价体系发展起来的，金融效率是最早的评价角度，包括微观金融效率即金融产业自身的投入产出率、宏观金融效率即金融资源的配置效率（周国富和胡慧敏，2007[①]）。此后，从除金融效率指标外考虑金融成长视角，综合考量“量”与“质”两个方面，以金融规模扩张代表金融增长，并与金融效率指标共同构建了我国金融成长评价指标体系（梁宝幸，2009[②]；李海央等，2021[③]）。

2. 三维度评价体系

党的十八届三中全会提出了金融改革的思路，认为构建更为完备的金融发展水平评价体系至关重要。仅从金融规模与金融效率这两个方面已经难以对金融发展进行有效衡量，金融结构即成为另一个重要评价角度（林勇和陈名银，2014[④]；夏祥谦，2014[⑤]；孙志红和张娟，2021[⑥]）。除金融结构之外，金融发展效益也成为一些学者评价区域金融发展水平的第三个角度（苏亚民和陈琛，2017[⑦]）。伴随金融与经济可持续发展概念的提出，金融生态环境也被考虑与金融发展规模

---

① 周国富，胡慧敏．金融效率评价指标体系研究［J］．金融理论与实践，2007（8）：15－18.

② 梁宝幸．我国金融成长评价指标体系的初步研究［J］．学理论，2009（13）：123－124.

③ 李海央，朱明月，马娜．农村金融高质量发展水平测度与时空分异［J/OL］．重庆大学学报（社会科学版）：1－13［2021－07－26］．http：//kns. cnki. net/kcms/detail/50. 1023. C. 20210629. 1023. 002. html.

④ 林勇，陈名银．我国金融发展指标体系构建与水平测度［J］．商业时代，2014（18）：64－66.

⑤ 夏祥谦．各省区市金融发展水平的比较研究［J］．金融理论与实践，2014（1）：63－68.

⑥ 孙志红，张娟．金融科技、金融发展与经济增长［J］．财会月刊，2021（4）：135－142.

⑦ 苏亚民，陈琛．论区域金融发展水平的评价与分析［J］．科技创业月刊，2017，30（4）：4－6.

和金融发展效率构成金融发展评价体系，用以衡量金融可持续发展的能力（刘瑜等，2019①）。

3. 四维度评价体系

伴随对金融危机认识的深入，金融稳定成为影响金融实现可持续性发展的关键因素。因此，有学者综合金融规模、金融体系结构、金融运行效率以及金融稳定性四个方面评价金融发展质量（钟华星，2021②；张运峰等，2021③）。

4. 五维度评价体系

除金融规模、金融效率以及金融结构共同组成的三维度金融发展评价体系外，从金融功能和金融可持续发展两个方面考虑，将金融功能与金融稳健综合现有指标产生了五个维度的评价体系，可以对金融发展的水平进行较为全面的度量（徐璋勇，2018④）。

（三）关于金融发展的影响因素研究

影响金融发展的因素可分为内部原因与外部影响。从金融体系内部看，金融结构存在缺陷是影响我国金融发展的主要原因，金融产业、市场结构不合理，市场参与者中稳定的机构投资者占比少，以及失衡的融资结构阻碍了我国金融发展水平的提高（王广谦，2002⑤；李健，2003⑥）。另外，一国政府的金融监管权力越集中、政府直接拥有银行的比例越高，金融发展就越困难，因此增强金融监管机构的

① 刘瑜，蔡永卫，张弘．县域金融发展水平测度与影响因素分析［J］．甘肃金融，2019（2）：48－52.

② 钟华星．我国金融高质量发展的现状及对策——基于国际比较的研究［J］．西南金融，2021（2）：74－84.

③ 张运峰，肖文昊，段继红．江苏省金融发展质量评价研究［J］．市场周刊，2021，34（2）：64－67，85.

④ 徐璋勇．金融发展质量及其评价指标体系构建研究［J］．武汉科技大学学报（社会科学版），2018，20（5）：545－551.

⑤ 王广谦．中国金融发展中的结构问题分析［J］．金融研究，2002（5）：47－56.

⑥ 李健．论中国金融发展中的结构制约［J］．财贸经济，2003（8）：54－59，97.

独立性、提高民间监管的积极性对金融发展有着显著的正向影响（江春和许立成，2005[①]）。原则与灵活并行的有效金融监管标准既能维护金融体系稳定，又能鼓励金融创新，这是保障金融稳定和可持续发展得以实现的重要条件（杨凤华，2008[②]）。

在外部因素中，经济发展水平对金融发展有较大影响，实证表明，经济发展水平对金融发展起基础性、主导作用（程翔等，2018[③]；庄旭东，2019[④]），并且这种作用是正向的（刘同山，2011[⑤]），但需要的是注意经济因素中的通货膨胀率会对金融发展产生阻碍作用（林甘露，2016[⑥]）。对外开放程度的加深能有效提升国内金融行业的综合能力，这对我国金融的高速发展具有重要意义，该观点已有证据可以证明（彭洪，2017[⑦]）。对外开放有贸易开放与金融开放两层含义。其中，贸易开放或称为产品市场开放被证实是促进发展中国家金融发展的重要推动力，它既可以加速金融市场深化、改善金融体系的融资能力，还将有利于金融效率的提升（蔡伟雄，2012[⑧]；张成思和朱越腾，2017[⑨]）。金融危机后，对外开放对金融发展效率的影响从初期的抑制转变为促进，金融开放力度的增加对金融发展的促进作用会随

---

① 江春，许立成．金融监管与金融发展：理论框架与实证检验［J］．金融研究，2005（4）：79－88.

② 杨凤华．论有效金融监管与我国金融现代化［J］．改革与战略，2008（10）：85－87.

③ 程翔，王曼怡，田昕，等．中国金融发展水平的空间动态差异与影响因素［J］．金融论坛，2018，23（8）：43－54.

④ 庄旭东．我国金融发展水平影响因素研究——基于典型相关分析［J］．财务与金融，2019（4）：1－7.

⑤ 刘同山．区域金融发展影响因素的空间面板计量分析［J］．金融与经济，2011（7）：33－35.

⑥ 林甘露．我国金融发展水平影响因素研究［J］．商，2016（29）：189－190.

⑦ 彭洪．对外开放对金融发展的影响初探［J］．中国市场，2017（2）：76－78.

⑧ 蔡伟雄．贸易开放对金融发展的影响分析［J］．商业时代，2012（8）：51－52.

⑨ 张成思，朱越腾．对外开放、金融发展与利益集团困局［J］．世界经济，2017，40（4）：55－78.

时间逐渐发挥出来（梁婧姝和张燕生，2019①）。但是金融开放促进金融发展的结论存在争议，受各地区的金融环境、贸易开放程度和金融服务开放水平不同的影响，区域间金融发展存在着巨大的差异，而金融发展失衡不利于我国金融发展整体水平的提高（朱荣华，2014②）。此外，由于国际货币体系的不平等以及外汇市场中不稳定因素的存在，对于发展中国家而言，过度的金融开放会引发频繁的金融危机使金融难以稳定发展（贾根良和何增平，2019③）。

三、金融服务经济高质量发展相关文献回顾

随着新发展理念的提出，金融服务经济高质量发展立即引起众多学者关注，研究主要围绕以下方面展开。

绿色金融的提出是为了解决融资问题，在刺激技术创新的基础上促进经济高质量发展（田惠敏，2018④；刘霞，2019⑤；王立伟和刘海燕，2021⑥）。现有研究主要通过实证展开，分别运用中介和调节效应模型（张芳等，2020⑦）、空间杜宾模型（周韩梅和黎涛瑞，2021⑧）

---

① 梁婧姝，张燕生．中国区域金融发展的影响因素研究［J］．宏观经济研究，2019（7）：14-24，70.

② 朱荣华．金融开放视角下我国区域金融发展差异研究［J］．区域金融研究，2014（2）：14-18.

③ 贾根良，何增平．金融开放与发展中国家的金融困局［J］．马克思主义研究，2019（5）：66-77.

④ 田惠敏．绿色金融助力经济高质量发展［J］．中国科技论坛，2018（4）：2-3.

⑤ 刘霞，何鹏．绿色金融在中部地区经济发展中的影响效应研究［J］．工业技术经济，2019，38（3）：76-84.

⑥ 王立伟，刘海燕．对绿色金融促进县域经济发展的思考——以扎鲁特旗为例［J］．北方金融，2021（6）：92-94.

⑦ 张芳，李紧想，孙策．绿色金融投放与经济高质量发展——基于产业结构升级的中介与调节效应研究［J］．浙江金融，2020（1）：59-69.

⑧ 周韩梅，黎涛瑞．绿色金融、产业结构升级与区域经济高质量发展［J］．当代金融研究，2021（Z2）：37-49.

以及双重差分模型（丁攀，2021[①]）得出绿色金融优化产业结构促进经济发展的倒“U”形非线性特征；在绿色金融促进经济高质量发展的过程中优化环境治理、约束资源环境也发挥了重要作用（文书洋等，2020[②]；雷汉云和王旭霞，2020[③]）。

金融创新服务经济高质量发展的路径引起广大学者关注。不论是采用金融系统功能角度论证（仇新忠，2019[④]），还是建立内生经济增长模型进行实证（王灿和喻平，2020[⑤]）均得出金融创新已成为提高经济发展质量的新引擎（刘金凯等，2020[⑥]）。在探析影响因素中，部分学者运用新结构经济学理论分析得出结构性矛盾阻碍金融创新服务经济高质量发展的结论（林毅夫等，2019[⑦]），也有实证得出资金配置的合理程度（张颖和黄俊宇，2019[⑧]）、金融与实体经济的匹配程度（宇超逸和王雪标，2021[⑨]）等影响因素均有助于经济发展的结论。

学者们大多运用理论和实证两种方法来探讨数字普惠金融与经

---

① 丁攀，金为华，陈楠．绿色金融发展、产业结构升级与经济可持续增长［J］．南方金融，2021（2）：13－24.

② 文书洋，林则夫，刘锡良．绿色金融与经济增长质量：带有资源环境约束的一般均衡模型构建与实证检验［J/OL］．中国管理科学：1－11［2021－07－29］．https：//doi. org/10. 16381/j. cnki. issn1003－207x. 2020. 2173.

③ 雷汉云，王旭霞．环境污染、绿色金融与经济高质量发展［J］．统计与决策，2020，36（15）：18－22.

④ 仇新忠．金融创新促进南通经济高质量发展研究［J］．南通职业大学学报，2019，33（4）：1－6，22.

⑤ 王灿，喻平．金融创新、金融监管与经济增长［J］．统计与决策，2020，36（7）：137－141.

⑥ 刘金凯，邵四华，姜鹏．金融创新驱动支持天津经济提质增效研究［J］．华北金融，2020（7）：48－56.

⑦ 林毅夫，付才辉，任晓猛．金融创新如何推动高质量发展：新结构经济学的视角［J］．金融论坛，2019，24（11）：3－13.

⑧ 张颖，黄俊宇．金融创新、新型城镇化与区域经济增长——基于空间杜宾模型的实证分析［J］．工业技术经济，2019，38（12）：93－101.

⑨ 宇超逸，王雪标．金融创新对经济高质量发展的实证检验［J］．统计与决策，2021，37（9）：88－92.

济高质量发展之间的关系。理论层面认为金融素养的提高能让数字金融推动经济发展（何宏庆，2019①），从资源配置效率和创新效应角度也能得出相同观点（薛莹和胡坚，2020②）。现有的实证研究普遍得出两种结论：抑制论和促进论。从普惠金融视角出发的实证分析得出金融中介融资指标具有抑制性（李涛，2016③）；促进论认为营商环境是推动经济发展的重要机制（张蕊和余进韬，2021④），技术进步也是创新驱动中的关键因素（徐铭，2021⑤）；数字普惠金融还通过调整居民消费结构、缩小城乡差距来推动经济高质量发展（杜丹清和占智康，2018⑥；张子豪和谭燕，2018⑦；江红莉和蒋鹏程，2020⑧）。

在金融业和经济高质量发展的关系中，金融高素质从业人员数量是影响经济发展的显著因素（胡静波和刘雅娇，2019⑨）。就宏观角度而言，可以通过提高产业影响力和产业感应度来推动经济发展（卢珍菊，2011⑩）；从微观角度来看，保险业的发展存在着明显的促

① 何宏庆．数字金融：经济高质量发展的重要驱动［J］．西安财经学院学报，2019，32（2）：45－51.

② 薛莹，胡坚．金融科技助推经济高质量发展：理论逻辑、实践基础与路径选择［J］．改革，2020（3）：53－62.

③ 李涛，徐翔，孙硕．普惠金融与经济增长［J］．金融研究，2016（4）：1－16.

④ 张蕊，余进韬．数字金融、营商环境与经济增长［J］．现代经济探讨，2021（7）：1－9.

⑤ 徐铭，沈洋，周鹏飞．数字普惠金融对经济高质量发展的影响研究［J/OL］．资源开发与市场：1－10［2021－08－02］．http：//kns.cnki.net/kcms/detail/51.1448.N.20210720.1630.026.html.

⑥ 杜丹清，占智康．新经济背景下发挥消费基础性作用研究——基于流通功能拓展与平台组织再造的视角［J］．经济学家，2018，（2）：62－69.

⑦ 张子豪，谭燕芝．数字普惠金融与中国城乡收入差距：基于空间计量模型的实证分析［J］．金融理论与实践，2018（6）：1－7.

⑧ 江红莉，蒋鹏程．数字普惠金融的居民消费水平提升和结构优化效应研究［J］．现代财经（天津财经大学学报），2020，40（10）：18－32.

⑨ 胡静波，刘雅娇．金融业发展对宏观经济增长的影响研究——基于高素质劳动力持续转移的视角［J］．经济与管理评论，2019，35（4）：64－74.

⑩ 卢珍菊．从产业波及效果看广西金融业发展对经济增长的影响及对策建议［J］．学术论坛，2011，34（8）：119－122.

进作用，而银行业方面货币化程度（谢德地和杨新顺，2020①）以及金融业和实体经济行业存在的工资差距（毛毅，2020②），反而抑制着经济高质量发展。

四、研究评述

从现有文献看，国内外学者关于高质量发展的研究成果主要集中于经济高质量发展的内涵及评价体系、产业高质量发展以及高质量发展的影响因素三个方面。文献从宏微观经济质量、社会矛盾变化、马克思政治经济学理论以及新发展理念角度给出经济高质量发展的定义，并根据不同定义中所包含的不同经济要素构建了三个维度、五个维度、六个维度以及“足球形”经济高质量发展水平评价体系。但对经济高质量发展的界定中缺乏系统论视角的认识，仅从不同的角度进行界定，因而给出的高质量内涵缺乏系统性，对于欠发达且快速发展的贵州省而言，评价其他省域高质量发展水平的指标体系缺乏对贵州省的适应性，难以很好地评价贵州省的经济高质量发展水平。现有产业高质量发展的研究主要围绕如何推动制造业、农业、旅游业、生产性服务业等产业实现高质量发展展开，并提出具体的发展建议，研究也得出影响高质量发展的因素大致包括人口老龄化、环境规制、科技创新、数字化转型和研发投入等，但多数文献也仅是进行单因素分析，缺乏系统性的视角。

国内外有关金融发展的文献主要侧重于探究金融发展内涵的变化，分别从金融结构优化、金融制度变迁、金融功能演进以及金融分工与金融现代化等不同角度对金融发展内涵做出相应的界定，多

① 谢德地，杨新顺．金融业发展对新疆经济增长的影响研究［J］．北方金融，2020（8）：50－54.

② 毛毅．金融业与实体经济行业间工资差距对中国经济增长的影响研究［J］．财贸研究，2020，31（12）：49－60.

数文献对金融发展的定义均从不同视角进行阐释。金融发展水平评价体系是国内研究重点，在不断丰富金融发展内涵的基础上，国内学者构建不同维度的金融发展水平评价体系展开了大量的实证研究，逐渐形成了两维度、三维度、四维度和五维度的金融发展评价体系，虽然各维度的评价体系存在差异，但均涉及了金融规模、金融结构及金融效率等基础指标，并积极探索影响金融发展的其他因素。随着普惠金融、科技金融等新发展方向出现，规模、结构与效率等仅能体现金融内部发展变化的指标，并不能完全评价大数据影响下最新的金融发展水平，评价体系的指标需要及时更新和扩充。有关金融发展水平影响因素的研究认为经济发展水平、对外开放程度、政府监管与民间监管独立及金融结构优化均是促进金融发展的重要原因，但是与金融发展内涵一样，现有文献分析影响金融发展的原因主要是从某个或某几个因素切入，并未将金融与实体经济的关系从系统视角进行考察。

在金融有效服务经济高质量发展的研究中，学者认为绿色金融、金融创新、数字普惠以及金融各行业发展均能对经济高质量发展水平产生影响。绿色金融通过刺激技术创新、优化环境治理及约束资源环境等途径解决绿色发展问题，进而提升高质量发展水平，金融结构与金融功能的创新则能加快发展速度，数字普惠金融通过调整居民消费结构、缩小城乡差距等方式提高发展质量，此外，金融行业中保险业的发展以及金融行业影响力提高也能对高质量发展发挥作用。综上所述，文献中对金融如何服务经济高质量发展主要从多个角度独立考察，并未将金融与高质量发展视为一个复合系统下可以交流互动的两个子系统，进而探究两者互相影响的路径。

本书从系统论角度深入探析金融发展系统与经济高质量发展系统的内在构成，对金融发展、经济高质量内涵进行系统阐释。在评价金融发展系统时，考虑当前普惠金融数字化发展趋势，将数字普惠金融指数引入金融发展评价维度，与传统评价指标一起构成新的评价体系，评价新时代贵州省金融发展程度。在衡量经济高质量发展水平时，紧扣新发展理念，结合贵州战略驱动实践构建包含创新、协调、绿色、开放、共享以及“四轮驱动”六个维度的全方位评价体系。最后，在系统论视角下将金融发展系统与经济高质量发展系统纳入一个复合系统，探讨复合系统中两个子系统协同演化规律，作为后续探寻贵州省经济高质量发展的金融协同路径提供理论依据。

第三节 研究内容及方法

一、研究体系结构

本书共分为七个部分，从研究的背景及意义、文献梳理、相关概念界定与系统论与系统协同的内涵出发，阐释金融发展系统与经济高质量发展系统的系统构成、相互作用，构建金融发展系统与经济高质量发展系统的协同机制；分析贵州省经济发展质量状况及特征，构建贵州经济高质量发展系统的评价指标体系，对其发展水平进行综合评价；对贵州省金融发展状况及特征进行分析；构建金融协同经济高质量发展复合系统，以贵州省省域及下辖9大市州为样本，运用哈肯模型对2011～2019年复合系统运行状况及演化规律进行判断，测度已协同市州的协同水平，探讨协同水平的区域差异及协同演变类型；分析贵州省金融协同经济高质量发展存在的问题与现实障碍，提出新时代贵州省金融协同经济高质量发展的路径与对策。

第1部分为绪论，从新时代开启问题的提出，引出研究的背景与意义，指出新时代贵州省经济高质量发展需要金融协同发展的重要性；对高质量发展、金融发展及金融服务经济高质量发展相关文献进行系统梳理与分类综述，发现已有研究成果存在的不足，寻找研究的立足点。

第 2 部分是对核心概念的界定与介绍相关的理论基础。从区域金融、协同发展的概念、高质量与经济高质量发展的内涵出发，阐述金融发展相关理论、经济高质量发展的内在要求及特征；从系统论视角对金融发展系统与经济高质量发展系统的系统构成、相互作用进行分析，阐释金融发展系统与经济高质量发展系统的协同机制。

第 3 部分为贵州省经济高质量发展状况及特征。分析“十三五”时期以来贵州经济发展的质量特征，对新时代贵州经济高质量发展的要求与特征进行总结；构建贵州经济高质量发展的系统评价指标体系，运用熵权法对贵州省省域及下辖市州经济高质量发展水平进行测度，分析区域差异及特征。

第 4 部分为贵州省金融发展状况及特征。从银行、证券、保险三大金融行业探析贵州省金融行业运行状况，分析贵州省省域及下辖市州数字普惠金融发展状况；构建贵州省金融发展综合评价指标体系，运用熵权法评价贵州省及下辖市州金融发展水平，分析新时代前后金融发展水平的变化趋势及特征。

第 5 部分为贵州省金融协同经济高质量发展的实证分析。构建金融协同经济高质量发展的复合系统，阐释复合系统的特征与运作，以 2011～2019 年为考察期，运用哈肯模型对贵州省及下辖市州复合系统协同状况进行判断，探寻协同趋势及已协同市州协同水平的区域差异，根据模型序参量判断影响协同的关键性因素。

第 6 部分为贵州省金融协同经济高质量发展存在的问题与现实障碍。根据贵州省及下辖市州金融与经济高质量发展复合系统协同演变趋势及协同水平的区域差异，结合贵州省经济高质量发展、金融发展的状况及特征分析，发现协同过程中存在的问题，深入探析阻碍当前复合系统协同发展的现实障碍。

第 7 部分为新时代贵州省金融协同经济高质量发展的路径与对策。根据贵州省及下辖市州区域金融协同经济高质量发展复合系统协同特征及存在问题，提出金融协同贵州经济高质量发展的有效路径及对策建议。

二、研究方法

本书在对相关文献进行梳理的基础上，将演绎推理、归纳推理、统计分析、数理模型分析、比较分析等方法综合运用，将协同机制问题量化，探讨贵州省及下辖市州区域金融协同高质量发展的特征、差异及存在的问题，为金融有效协同贵州经济高质量发展的路径探寻提供依据。其具体运用为：

（1）演绎与归纳推理法。基于系统论视角，通过演绎推理分析金融发展系统与经济高质量发展系统的系统构成及协同机理；运用归纳推理对贵州省及下辖市州经济高质量发展与金融发展特征、复合系统协同类型趋势与特征进行总结。

（2）数理模型方法。构建贵州经济高质量发展系统综合评价指标体系与金融发展评价指标体系，运用熵值法对指数进行合成，测度贵州经济发展质量与金融发展水平；构建金融协同经济高质量发展复合系统，运用哈肯模型实证复合系统的演化规律，发现协同演变的决定机制。

（3）比较分析法。比较贵州省下辖市州经济高质量发展水平和金融发展水平的区域差异，以及金融协同经济高质量发展复合系统协同机制在下辖市州间的运行状况，判断已协同市州复合系统协同水平变化的类型，分析区域金融对经济高质量发展的动态适应性。

三、主要的创新与不足

（一）主要的创新

（1）视角创新。基于系统论和协同学理论，本书阐释了金融发展系统与经济高质量发展系统的系统构成，分析两者的协同机制；从动态视角研究金融发展与经济高质量发展的匹配问题，将两者纳入金融协同经济高质量发展复合系统，探讨复合系统的运行机制，从贵州省经济高质量发展的需求与驱动出发，结合下辖市州经济发展特征，根据复合系统演变规律判断贵州省省域及下辖市州的协同状况，挖掘金融影响贵州经济高质量发展区域差异的深层原因，协同视角的探讨突破现有研究的金融支持层面。

（2）观点创新。本书认为金融发展质量与经济发展质量密切相关，经济高质量发展中需要高质量的金融协同，从系统论角度识别复合系统有序演变的序参量，找到协同演变中的关键因素很重要，为判别区域协同是金融带动型还是经济质量推动型提供参考。

（3）方法创新。①现有研究侧重于高质量水平的测度，未将经济高质量与金融高质量发展相联系，本书将两者纳入同一个系统，构建两者的复合系统，从复合系统内部协同视角探讨金融协同经济高质量发展问题。②现有对协同测度的方法多采用耦合协调模型、灰色关联分析、复杂系统协同度模型、熵权法等，多以模型测度出两个系统的协同或协调水平，根据水平划分协同或协调等级，哈肯模型因运行条件与序参量识别的复杂性相对运用较少，本书运用哈肯模型判断贵州省省域及下辖市州金融协同经济高质量发展的运行状态，发现贵州省省域及铜仁市、毕节市、黔西南州、黔东南州尚未实现协同，通过序参量的识别发现贵阳市、遵义市、安顺市协同有序程度取决于金融发展水平，而六盘水市和黔南州协同演化有序程度取决于经济高质量发展，这是运用其他模型难以实现的。

（二）可能的不足

（1）“高质量”评价的全面性受贵州省下辖市州统计指标限制，对高质量发展的体现有限。因对贵州省及下辖市州经济发展质量的评价应具有统一性和可比性，但下辖市州部分指标缺乏统计口径，部分统计数据缺失，只能根据数据可得性构建综合的评价指标体系，影响“高质量”评价的全面性，对“高质量发展”体现得不够全面。

（2）项目研究期间因受新冠肺炎疫情影响，未能开展实地调研。本书仅从统计数据及模型实证的角度研究了金融协同贵州经济高质量发展问题，未对贵州省金融创新服务经济高质量发展开展产业、企业等实地调查，未采用案例分析，这将是项目未来尝试持续开展研究的方向。

第二章　核心概念与相关理论基础

第一节 区域金融协同的概念及相关理论

一、区域金融协同相关概念界定

(一) 区域

研究区域金融要先明确区域等相关概念。区域被认为是一个多层次、多维度且相关性高的概念，任何金融活动都离不开区域这个载体，并具有客观存在的属性。现有研究已从区域经济学、地理学、社会学、政治学等不同学科对区域给出了明确界定，当前较为流行且影响较广的是美国区域经济学家 Edgar M. Hoover（1984）对区域的定义："一个地区根据内部同质性或功能同一性加以划分的统一经济体，根据规划、管理等目的加以考虑的一片地区。"① 杨圣奎（2010）将区域定义为在一定可测度的空间范围内，具有金融活动连续性和关联性，具备一定整体经济与金融功能的地域单元。② 蒋瑞波（2014）认为区域是指在经济主体上表现出共同特质，或在地理上具有共同边界的空间单元。③

在以往文献的基础上，本书将区域定义为客观存在的、可以用地理标识或者测度单位进行度量、在经济联系等方面具有一定内部同质性的一片地区。从地理范畴来看，广义的区域可以包括整个世界经济体，以及各个跨国界区域，而狭义的区域则包括一个国家、一个省，乃至一个市、州、县都可以称为一个特定的"区域"单元。结合本书的研究背景和目的，以狭义的区域为界定，区域范畴包括整个贵州

① Edgar M. Hoover & Frank Giarratani. An introduction to regional economics, Alfred A. I Cnop, 1984: 264.

② 杨圣奎. 中国区域金融支持问题研究［D］. 长春：吉林大学，2010.

③ 蒋瑞波. 中国区域金融创新研究［D］. 杭州：浙江大学，2014.

省省域及下辖的各个市、州作为“区域”的单元，并作为研究的对象，具体分析贵州省及下辖各个市、州在经济高质量发展过程中产生的“区域单元”差异性和同质性，从而探寻贵州省区域经济、金融协同发展的规律。

（二）区域金融

区域金融，被视为一个国家或地区拥有的金融规模和结构在时间与空间上的运行及分布状态（张军洲，1995）[①]。这一概念首次对区域金融的内涵要素进行了系统阐释，从外延表现上看，是指具有不同层次、不同形态的金融活动相对集中的若干金融区域。研究概括出区域金融应包含的基本构成要素，认为区域金融主要表现出以下特征：（1）空间差异。无论以何种方式开展及处于怎样的发展水平，金融活动总是处于一定的空间内，金融的运行与发展均存在于一定的区域空间。（2）结构与水平差异。本质上一定范围内的金融结构与发展水平上的差异决定了区域金融差异。其中，金融发展水平是从量的角度反映区域金融差异，而金融结构则是从质的角度反映区域金融差异。（3）吸纳与辐射功能差异。区域金融中心对周边一定范围的金融体系具有影响和渗透作用，是影响区域金融结构发生变动的重要力量。（4）环境差异。区域金融发展受特定地区社会经济的软环境和硬环境影响。其中，软环境具体包括区域金融政策、税收制度、历史文化背景等，硬环境包括地理位置、经济结构、交通等基础设施等。在此基础上，支大林（2002）认为大国金融在现代市场经济条件下会产生区域金融现象，它是一种普遍存在的社会经济现象，研究区域金融有必要将金融运行和发展纳入一定的时空范畴进行考察，进而探析金融发展在空间结构变动的规律，并总结出区域金融运行应有的时空性、层次性等属性[②]。

① 张军洲．中国区域金融分析［M］．北京：中国经济出版社，1995.

② 支大林．中国区域金融研究［D］．长春：东北师范大学，2002.

结合对区域的定义，本书将区域金融界定为客观存在、可度量的地域范围层面的金融规模与结构，即在经济联系等方面具有同质性和差异性的一片地区其金融规模、结构在时间和空间上的运行与分布状态。根据研究目的，本书研究的区域金融为贵州省及下辖各个市、州范围内的金融规模、结构在时间和空间上的运行与分布状态，本书拟通过纵向维度探析区域金融的演变规律，横向维度比较不同地域范围的金融规模、金融结构、金融效率及普惠金融数字化水平。

（三）协同及协同发展

协同作为系统科学中的重要概念，源于希腊语（synergefkos），它包含协调、优化、整合等意思，德国物理学家 Haken（2004）首先开始协同理论的构建，提出统一的系统协同思想，认为系统内部构成的各子系统间通过非线性的相互作用，在一定条件下通过自组织可以形成新的有序结构①。陈建华（2015）将协同定义为："通过系统中各组成要素的协调合作，实现系统整体功能最终大于各个要素功能之和的一种结构上的优化状态"②。系统中各结构元素在协同作用下会相互拉动，不仅各元素会受益，而且整体系统都能得到优化，向良好趋势发展。需要注意的是，在讨论两个系统之间的协同之前，首先，要明确两个系统之间是否存在必要联系；其次，要明确产生协同作用后是否改变两个系统自身组成要素的属性。

协同发展是对协同认识的进一步延伸，它指一定区域的某系统内构成要素之间相互适应、相互依存、相互调整、相互促进，使得系统结构不断优化的动态发展演化过程（徐玉莲，2012）③。一方面，强调各个要素要相互配合、促进，缺少任何一个要素的协调合作，整体

① Haken H. Synergetics, Instruction and Advanced Topics [M]. Springer, 2004.

② 陈建华．京津冀金融协同发展研究［M］．北京：中国金融出版社，2015.

③ 徐玉莲．区域科技创新与科技金融协同发展模式与机制研究［D］．哈尔滨：哈尔滨理工大学，2012.

系统都难以实现进步；另一方面，强调整个系统协同过程是一个不断变化的动态过程，因为系统内各要素是不断变动的，所以整体系统的协同状态及过程要随着各要素的变动而不断变动。结合协同及协同发展的概念，本书探究的新时代金融协同贵州经济高质量发展，即指："在贵州省经济快速发展但区域发展不平衡的背景和现实之下，金融与经济高质量发展所构成的复合系统中子系统之间相互依存、相互适应、相互调整、相互促进，使得贵州经济质量不断优化的动态演化过程。"且作为复合系统中子系统的经济高质量发展子系统与金融子系统协同发展，最显著的特点是两个子系统间非线性的相互作用能实现单个子系统无法实现的目标。

二、金融发展相关理论

金融发展理论重点关注金融发展与经济增长的相互关系，是研究金融体系自身如何实现发展，以及金融发展在经济发展中如何发挥作用的理论，其侧重如何建立运行良好的金融机构体系与金融政策组合，以期最大限度地促进经济增长。其中，美国著名金融学家戈德史密斯提出的金融结构理论奠定了传统金融发展理论的基础，此后的罗纳德·麦金农和爱德华·肖分别提出了金融抑制和金融深化理论，这标志了金融发展理论框架的正式形成，再之后的内生金融理论，则丰富了金融发展理论的研究内容，进一步完善了金融发展理论。

（一）金融结构理论

戈德史密斯（Raymond W. Goldsmith①）是最早明确界定金融发展的学者，他在1969年出版的著作《金融结构与金融发展》中指出金融结构即为金融工具与金融机构两者的相对规模，包括各种现存的金融

① 戈德史密斯．金融结构与金融发展［M］．周朔，译．上海：上海人民出版社，1990.

工具与金融机构的相对规模、经营方式等，强调通过剖析一国的金融结构就能掌握该国的金融发展水平以及未来的发展趋势。金融结构内涵明确后他深入研究了金融发展，认为金融发展可以被视为金融结构的变迁，如果以金融机构在短期或长期内的信息为基础，则可以找到金融发展的规律。戈德史密斯选取1860～1963年35个国家的相关数据，实证了金融发展与金融结构两者的关系，并依据主要数字指标将各国的金融结构分为初级金融结构、混合级金融结构以及高级金融结构三种类型，开创了金融结构和金融发展实证研究的先河。更为有价值的是，他在对金融结构进行定量分析时提出了一个重要的衡量指标——“金融相关比率（Financial Interrelations Ratio，FIR）”，将其定义为全部金融资产价值与GDP的比值，当该比值越高时，说明金融市场内金融工具和金融机构更加丰富，相反，传统金融机构如银行的地位将随之下降，整体经济货币化程度将提高。戈德史密斯是全球首个明确提出并系统研究金融结构问题的学者，极大地丰富与拓展了金融研究的新领域。但值得注意的是，他所提出的“金融结构变迁即金融发展”的观点仅从量上考察了金融发展而忽视了金融发展质上的体现，因而认为该观点存在一定的局限性。此外，通过35个国家样本的数据实证，得出一般性的结论，但样本覆盖面与时间范围的选取可能影响结论出现偏差。

（二）金融深化理论

20世纪70年代，美国经济学家罗纳德·麦金农（Ronald I. Mckinnon①）和爱德华·肖（Edward S. Shaw②）分别在其著作《经济发展中的货币与资本》与《经济发展中的金融深化》中构建了系统的金融发展模型，成为金融发展理论正式形成的重要标志。他们将主要

---

① 罗纳德·麦金农．经济发展中的货币与资本［M］．卢骢，译．上海：上海人民出版社，1997.

② 爱德华·肖．经济发展中的金融深化［M］．邵伏军，许晓明，宋先平，译．上海：上海人民出版社，1988.

发展中国家作为研究对象，分别提出了“金融抑制论”和“金融深化理论”，明确了金融在经济发展中起到的重要作用。他们认为发展中国家货币金融市场具有货币化程度低、金融市场不完善以及政府严格管制等典型特征，存在着严重的金融抑制现象。金融抑制即指“国家对利率、汇率实施人为管制从而压低利率和汇率水平，如实施财政税收政策抑制金融资源等，导致金融指标无法真实准确反映市场的资金、外汇的需求情况，产生信贷配给等，而政府对分配金融资源的过度干预，是对金融体系自身配置资源功能的破坏，导致市场将更偏向依赖内部融资而非外部融资，长此以往将阻碍经济增长”，因而他们认为发展中国家理应当放弃原有的金融抑制，积极进行金融改革与深化。爱德华·肖指出，金融深化即为“政府放弃对金融的干预，让金融回归市场实行自由化，使利率和汇率能真实反映资金与外汇的供求关系，恢复金融体系对金融资源的配置功能，从而推动金融体系的完善和经济增长”。金融深化理论一经提出就引起了巨大反响，其主要贡献是放弃之前西方经济学主要研究发达国家的做法，而是将发展中国家的金融体系作为研究对象，为发展中国家的货币金融政策制定及货币金融改革提供了理论依据。

（三）内生金融发展理论

罗纳德·麦金农和爱德华·肖提出的金融深化理论虽然为厘清发展中国家金融与经济发展之间的关系提供了理论支撑，但缺乏多角度的动态分析过程。随着内生经济发展理论在 20 世纪 90 年代的兴起，内生经济增长和内生金融中介、金融市场等变量均被纳入金融发展模型，并引入了不确定性、信息不对称、不完全竞争、外部性等因素，使得理论假设更加接近现实，有效弥补了先前理论存在的缺陷。其中 Greenwood 和 Jovanovic（1990①）、Bencivenga 和 Smith

① Greenwood J, and Jovanovic B. Financial Development, Growth, and The Distribution of Income. Journal of Political Economy, 1990, 98: 1076 – 1107.

(1991[①]) 认为金融发展通过分散流动性风险与克服信息不对称进而促进了资本的积累和经济增长，其中金融中介能将更多资金配置到非流动性资产以及生产性资产上，对信息不对称问题能有效克服，在一定程度上促进经济发展。Saint - Paul (1992[②]) 则认为，当存在金融市场时，可以利用金融系统具有的风险分散功能，引导资金流向专业化程度高的产业，实现更优的配置资金，从而推动经济的发展。内生金融理论的产生揭示了金融中介与金融市场是如何内生形成，它为金融发展和经济增长相互关系的认识，做出了逻辑更为严密的数理解释，弥补了传统金融理论存在的不足。

第二节 经济高质量发展的内涵与相关理论

一、高质量发展与经济高质量发展的内涵

(一) 高质量发展

发展是一个动态、历史的演化过程，就广义而言，发展是事物上升和进化中产生的运动及变化的过程；从狭义上看，发展可以指一个国家或一个地区的经济增长或经济的整体发展，包括经济总量的增加以及经济发展的理念、发展的方式、发展的目标等调整与变动。我国进入新时代以后，高质量发展这个新思路在我国经济学界中成为研究热点。有学者分别从新常态、新发展理念以及我国社会主要矛盾的变化等不同角度定义高质量发展，从多个维度综合考量高质量发展的水平，并认为高质量发展应是一个全方位的综合性变革，涵盖各领域的

① Bencivenga V R. and B. D. Smith. Financial Intermediation and Endogenous Growth. Review of Economic Studies, 1991, 58: 195 - 209.

② Saint - Paul G. Technological Choice, Financial Markets and Economic Development. European Economic Review, 1992, 36: 763 - 781.

质量、效率以及动力变革，最终目的是满足人民美好生活的需要[①]。参考以往文献，本书将高质量发展定义为：以新时代新发展理念为指导、能适应社会主要矛盾变化、更好满足人民美好生活需要的，一个国家或地区包括经济、社会、生态等多个领域质量、效率、变革的全面发展。

（二）经济高质量发展

自党的十九大报告指出“我国经济已由高速增长阶段转向高质量发展阶段”后，高质量发展已成为我国经济建设的主题，经济高质量发展是相对于新时代以前强调经济增长而言的，主要集中于经济领域的质量、效率和动力变革，它是一种新的经济发展理念、新的经济发展方式，可以体现在“要素投入产出比率高”“经济系统内部结构不断优化”“以创新驱动为经济增长提供持久动力”等多个方面。任保平（2018[②]）等将经济高质量发展的内涵概括为经济发展高质量、改革开放高质量、城乡建设高质量、生态环境高质量和人民生活高质量。张丽伟（2019[③]）从微观、中观、宏观层面定义了经济高质量发展。从微观层面看，经济高质量发展是产品质量、企业和市场创新达到更高水平；从中观层面看，经济高质量发展是产业经济、城乡经济、区域经济等更加均衡地发展；从宏观层面看，经济高质量发展是宏观均衡质量、国民分配质量、绿色发展质量、调控能力质量实现高水平的提升。结合已有文献以及贵州省“四轮驱动”战略，本书将贵州经济高质量发展定义为：“以新发展理念为指导的、顺应社会主要矛盾变化的、能满足人民美好生活需要的，涵盖创新、协调、绿色、开放、共享五大理念，以及以新型工业化、新型城镇化、农业现

---

① 王晓慧．中国经济高质量发展研究［D］．长春：吉林大学，2019.

② 任保平．新时代中国经济从高速增长转向高质量发展：理论阐释与实践取向［J］．学术月刊，2018，50（3）：66－74，86.

③ 张丽伟．中国经济高质量发展方略与制度建设［D］．北京：中共中央党校，2019.

代化、旅游产业化为主的‘四轮驱动’共六个方面的协调发展”，在后面的贵州经济高质量发展评价指标体系中相对应地构建“创新发展、协调发展、绿色发展、开放发展、共享发展、四轮驱动”六个目标层。

二、经济高质量发展的内在要求及特征

（一）经济高质量发展的内在要求

实施创新驱动发展战略是推动我国经济高质量发展的内在要求①，创新驱动发展战略的提出明确了“我国未来的发展要靠科技创新驱动，而不再凭借传统的劳动力和资源能源驱动”，这与新时代我国经济高质量发展的内涵一致，也是我国实现经济发展方式与动力转换的重大举措。实施创新驱动发展战略是推动我国经济高质量发展的内在要求，其主要原因是：（1）我国经济传统发展模式的弊端日益显露，体现在人口红利逐渐消失、资源能源供给不足、环境承载压力大、收入分配差距大等方面，这意味着传统的经济发展模式难以适应我国现实的国情，以创新带动经济质量的提高是推动我国经济向量高质优发展的保障；（2）创新驱动对推进经济高质量发展有着深远的意义。创新驱动发展以科技创新为主要动力，而科技创新是当前提升综合国力的关键支撑、产业变革和经济结构调整的决定力量，实施创新驱动发展战略基于科技创新能力的大幅提升，以此实现经济结构调整和发展方式转变，这是我国实现经济高质量发展之路的必要与必然。

（二）经济高质量发展的基本特征

根据对经济高质量发展内涵的界定，本书认为经济高质量发展主

---

① 河南省社科联课题组，王喜成．创新驱动是经济高质量发展的内在要求和必然选择［J］．黄河科技学院学报，2020，22（4）：61－66.

要具有四大基本特征，即创新性、高效性、协调性以及可持续发展性。首先，创新性是指经济高质量发展必须以创新驱动发展为内在要求，强调经济发展不能再凭借传统的劳动力要素和资源能源来驱动，而是应加强自主研发科学技术和加快科研成果的转化率，并且优化创新政策、创新环境，以创新引导经济向高质量发展；其次，高效性主要是指经济高质量发展不再像过去过度依赖以资源能源要素投入的粗放型发展方式，而是注重提高资源能源的使用效率，让生产、分配、交换、消费环节中的生产要素实现高效的配置，不断通过调整和优化生产方式来提高要素投入产出比，即少量的资源使用最大限度地增加社会财富，实现经济的增长；再次，协调性是指经济高质量发展过程不再只注重经济总量的提升，而是更加重视平衡整个经济结构的发展，如供给与需求的协调，东西部区域之间、城乡之间，来促进社会经济的高效发展；最后，可持续发展性是指在推动经济高质量发展的过程中，将保护生态环境提高到更为重要的位置，高效地利用自然资源与有限的能源，用绿色发展成果提升整体发展质量，实现生态效益与经济社会效益相统一，走出一条生态优先、绿色发展优先的新路径，推动经济发展的可持续。

第三节　系统论及金融协同经济高质量发展的作用机制

一、系统论与系统协同的内涵

（一）系统论

系统论最早由20世纪40年代的美籍奥地利科学家贝塔朗菲[①]提

① 冯·贝塔朗菲. 一般系统论基础发展和应用［M］. 林康义，魏宏森，等，译. 北京：清华大学出版社，1987.

出，其认为任何系统都不可能是孤立的存在，而是一个有机的整体，系统中的部分被称为元素或子系统，各个要素在系统中均起着特定的作用，且系统整体的功能是各组成的独立元素所不具有的。因此，系统的概念可以从三个方面来理解：（1）系统均由要素组成，这些要素也可能本身即为一个系统，要素之间存在着相互作用，有着相对稳定的联系，其中任何一个要素缺失都将破坏系统的整体性；（2）系统具有目的性，由要素构成的整体系统会呈现出新的功能来实现系统的目标，这个功能与要素的功能不同，并非各个要素功能简单的相加；（3）系统存在于特定的环境中，其结构、功能等都与所处的环境相关，会不断地与外部环境之间进行着物质及信息的交换。从不同的角度可以对系统进行分类，根据系统的功能与目标可以分为单目标单功能系统和多目标多功能系统，而根据系统的复杂程度又可以分为简单系统和复杂系统。

可以看出，系统论的基本思想就是将拟研究的对象视同一个系统，分析其子系统的构成要素、结构及功能变动的规律性，进而识别整个复合系统的要素、结构、功能及运行规律，最终通过认识和规律的总结更好地实现系统的目标。钱学森[①]曾指出："系统论是系统科学和哲学之间的中介理论"，并给出系统的经典定义："所谓系统，即由相互作用和相互依赖的若干组成部分结合成的具有特定功能的有机整体。"系统论的提出为解决现代科学技术与社会经济发展中的复杂系统问题提供了新的武器，被广泛运用于自然科学、工程、社会科学、经济学等多个领域。

（二）系统协同

协同学由德国理论物理学家哈肯[②]于20世纪70年代创立，研究

① 钱学森．论系统工程［M］．长沙：湖南科技出版社，1982.

② H. 哈肯．协同学引论［M］．徐锡申，陈式刚，陈雅深，等，译．北京：原子能出版社，1984.

的对象主要为多个子系统之间的联合作用。协同学的主要观点是：在一个开放的系统内，如果外部参量的作用能大到一定程度时，将通过系统内部的协同作用，使系统实现从无序向有序转变。而协同效应则指由于协同作用存在而产生的结果，是复杂开放系统中大量子系统间相互作用而产生的整体效应或集体效应。据此，将系统协同定义为：组成一个复合系统的内部若干子系统，通过非线性的相互作用产生协同效应，促使整个系统由无序状态向有序状态转变，或从低级有序状态向更高级有序状态转变，且协同效应使得各子系统之间存在一种互相协同、互相促进的关系，最终实现整个复合系统的价值增值。根据研究目标，本书研究贵州的金融发展系统与经济高质量发展系统两个子系统之间的协同效应，从而识别复合系统中协同效应的序参量，发现对复合系统协同水平起关键作用的因素。

二、金融发展系统与经济高质量发展系统的系统构成

（一）金融发展系统

金融发展系统主要研究一个国家或地区金融体系构成要素之间的协同效应，各构成要素应包括能衡量这个区域金融发展水平的相关数据及指标。金融发展系统主要由金融发展总量、结构、效益以及金融中介四个要素来构成[①]。其中，金融发展总量可以通过当地金融业增加值或增加值占当地 GDP 的比例来衡量，前者能够体现当地金融发展规模的大小，而后者体现当地金融业的发展对经济的贡献度，占比越高则表示金融贡献水平越高；金融发展结构可以通过一个区域内银行业、证券业以及保险业增加值占金融业增加值的比重或各类资产占金融资产的比重来衡量，可以发现当地金融发展是以银行主导型、市

① 崔艳娟．我国金融发展对贫困减缓的影响：理论与实证［D］．大连：东北财经大学，2012.

场主导型还是处于以动态变化为主的金融结构；金融发展效益衡量一个区域能否通过提高金融效率来更好地发挥金融的资源配置功能，包括金融宏微观效率、金融市场效率等，金融发展效益可以通过多个指标计算，如以私人部门金融机构信贷总量指标测算投资生产部门的效率水平①，也可以通过金融机构的各项贷款总额测算储蓄向投资转化的效率，两个指标越大表示所对应的金融效率越高。金融中介则是包括金融机构的种类、数量等，通过各金融中介资产占全部金融资产的比重可以反映当地金融中介体系的构成，也可以用国有商业银行贷款余额占金融机构贷款余额计算金融中介垄断程度等②。

（二）经济高质量发展系统

经济高质量发展系统主要研究一个区域内构成经济高质量发展系统的各个要素之间的协同效应，根据前面对经济高质量发展的定义，一般认为经济高质量发展系统主要由创新、协调、绿色、开放、共享五个要素构成。其中，创新要素体现了一个区域的发展动力问题，通过创新投入以及创新成果的转化来衡量创新能力和科技发展水平，多以当地 R&D 经费的投入以及技术市场合同成交额占 GDP 的比重作为衡量指标；协调要素是指要解决存在的发展不平衡问题，突出表现在区域之间、城乡、经济发展与生态环境保护等关系上，主要以区域协调和产业协调作为衡量指标③；绿色要素是为了解决人与自然和谐问题，如群众对清新空气、优美环境的要求与资源约束趋紧、环境污染严重、生态系统退化之间的问题，由能源耗费、污染排放、环境保护三个指标构成；开放要素可以解决发展的内外联动问题及其如何提高

① 陈刚，李树．金融发展与增长源泉：要素积累、技术进步与效率改善［J］．南方经济，2009（5）：24－35.

② 余利丰，邓柏盛，王菲．金融发展与中国生产率增长——随机前沿分析的视角［J］管理科学，2011（4）：105－112.

③ 崔耕瑞．消费升级、产业升级与经济高质量发展［J/OL］．统计与决策，2021（15）：114－118.

对外开放的质量，通过进出口总额/GDP 和 FDI/GDP 来衡量对外资的开放度和依赖度；共享要素主要解决社会的公平正义问题，如分配不公、收入差距以及城乡区域公共服务水平差距较大，主要由公共服务以及民生福祉构成。

三、金融发展系统与经济高质量发展系统的相互作用

金融体系存在的根本基础在于通过优化金融资源的配置以促进实体经济的增长，两者共生共荣、密不可分。一方面，经济的高质量发展离不开金融发展的支持与协调；另一方面，金融市场的完善和发展为实体经济发展提供了有力保障，各种金融手段的综合应用保证了实体经济发展的活力。从金融发展必须立足于实体经济的基本准则来看，金融发展与经济高质量发展间必然是相互制约和依存的关系，需要相配合才能实现两者的共同发展。

（一）金融发展系统影响经济高质量发展系统的作用机理

从金融发展理论出发，金融发展通过提高产业部门资本配置效应、催生新的产业与新的基础以及选择主导产业来影响经济的发展；从金融抑制论出发，政府干预金融体系发展的现象较为普遍，金融发展的滞后将会阻碍经济的发展，造成金融抑制与经济落后的恶性循环。因此，金融发展系统对经济高质量发展系统的作用，主要体现为促进和抑制两个方面。

1. 金融对经济发展的正向支持作用

（1）金融体系构成的要素视角。

金融的发展通过实现最优金融规模来避免规模不经济，通过优化金融结构来降低企业融资成本，通过提高金融效率来发挥资源配置功能以提高资金的使用效率，从而促进经济质量体系的提升（见图 2.1）。

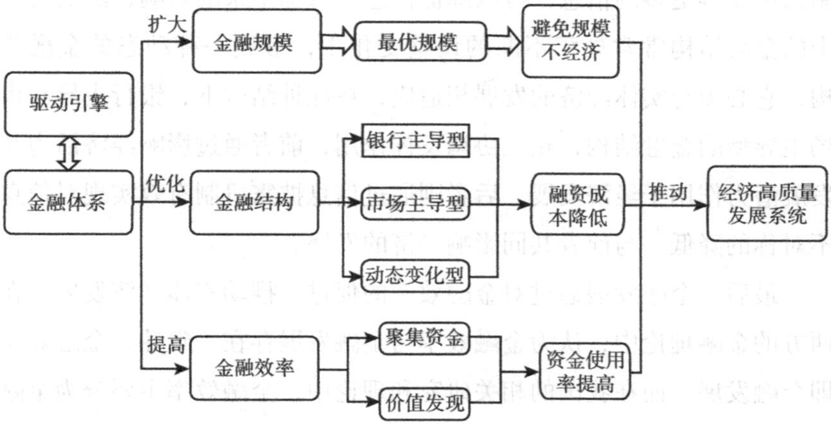

图 2.1 金融发展系统对经济高质量发展系统的正向促进作用（构成要素角度）

首先，金融发展通过最优金融规模的实现，加快实体经济体系的发展。基于规模效应的观点认为，经济体在发展的早期，确实会由于规模的扩大带来经济效益的提高，但是规模的扩大存在一个临界值，当达到这个临界值后，如果继续扩大经济体的规模，不仅不会带动经济效益的提升，反而会由于信息传递速度慢、信息失真、管理不善等原因导致成本增加，收益减少。因此，在金融发展过程中，应存在着一个最优金融规模，当金融发展实现最优规模时，经济增长能够保持稳态，经济与金融协调向前发展，但是在达到这个最优值后，即使金融规模继续扩张，也不会带来经济的长期稳定，相反，将会抑制经济的增长速率。

其次，金融发展通过优化金融结构，促进实体经济发展。在以银行为主导的金融结构中，银行与企业沟通密切，双方通过借贷建立起长期联系，并且，银行在与企业接触的过程中，能够便捷地掌握企业的相关信息，从而可以有效地避免信息不对称问题，实现成本的降低；如果金融结构是以市场为主导，金融市场能够为企业提供更为全面的风险管理服务和分散风险的产品，且通过金融市场的信息披露机制方便获得更多的信息，可以降低信息不对称带来的影响；然而现实中的金融结构常常处于不断的调整变化中，形成一种动态的金融结构，它必须与实体经济的发展相适应，在此种结构下，银行主导与市场主导型的金融结构，相互协调发挥作用，前者通过影响经济活力和发展潜力作用于经济发展，后者则通过信息披露机制有效实现对信息不对称的降低，与前者共同影响经济的发展。

最后，金融发展通过对金融效率的促进，推动实体经济发展。在西方的金融理论中，认为金融效率与金融发展存在一致性，金融效率即金融发展。而在我国的相关研究和理论中，金融效率主要分为金融的市场效率、机构效率、宏观效率、央行对货币的调控效率以及金融的微观效率，在金融发展的过程中，是通过效率的提升来推动经济的发展。金融效率的提高主要通过资金的配置效率体现，即在金融发展的过程中，通过自身积累的信息优势最大限度地集聚社会资金，在不同时间、不同空间，为不同实体经济主体配置资金资源，为经济发展的质和量提供必要的资金支持。金融效率提升资金的使用率体现在两个方面：一方面，通过资金形成机制集聚社会资金，再经由如政策性金融向融资能力差但具有广阔发展前景的实体企业提供资金支持；另一方面，金融部门通过效率的提升，能够利用其所具备的价值发现机制利用投资导向将所吸纳的资金，以投资者角色投资于实体企业以获得相应回报，从而提高资金使用效率。在此过程中，银行性金融机构效率的提升较快，起到主导作用，非银行性金融机构的效率发挥着辅导和校正的功能。

（2）构成金融体系的主要行业视角。

金融支持经济高质量发展主要通过银行信贷市场、证券投资市场以及保险市场等发挥作用。由于信息不对称现象在银行信贷市场普遍存在，为防范逆向选择和道德风险事件的发生，作为金融市场上最为活跃的银行信贷部门发挥了主要功能，扮演着为实体经济筹集资金的重要角色，因此，以银行为主导的间接融资在我国当前的融资体系中占据着主体地位；在证券投资市场上，股权融资能够分散风险、节省融资成本、减少信息不对称、加强市场流动性、提高企业抗风险能力，债券融资能够改善企业资本结构、提高资金利用率、减少企业现金流出，因此，以证券投资市场为代表的直接融资市场作为间接融资市场的补充，与银行信贷相互配合，共同为经济发展提供所需资金①；从保险市场看，保险业也是推动经济发展的重要行业之一，它能够通过转移经济运行中的风险、改善投资方向、提高收入水平等手段服务于实体经济发展（见图 2.2）。

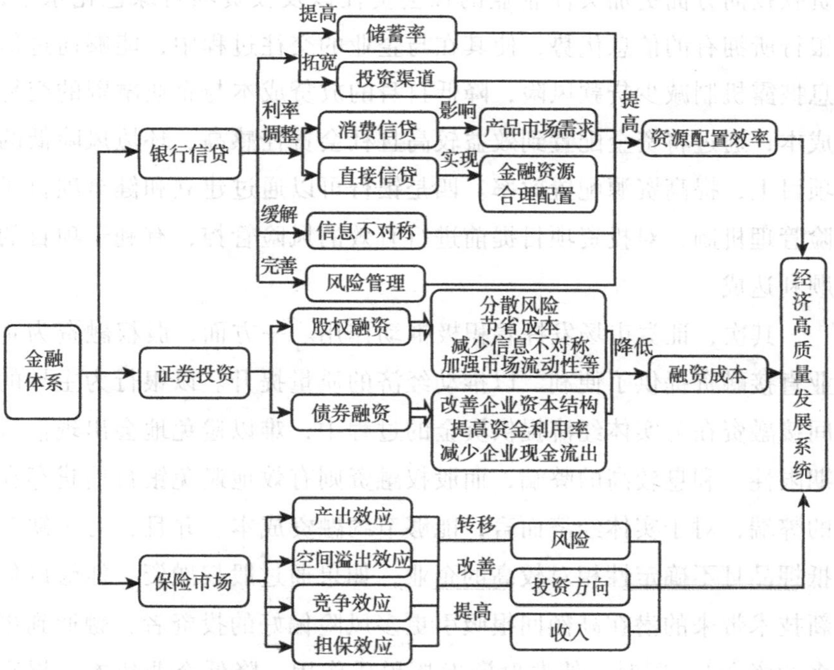

图 2.2　金融发展系统对经济高质量发展系统的正向促进作用（行业角度）

① 贺俊，韩汶衍，毕功兵. 直接融资结构对经济发展的非线性影响［J/OL］. 中国管理科学：1－12［2021－07－24］. https：//doi. org/10. 16381/j. cnki. issn1003－207x. 2020. 0114.

首先，银行信贷发挥重要的支持作用。银行信贷作为当前金融体系中最主要和最常用的资金配置方式，主要通过以下四条途径对经济高质量发展带来影响。一是银行可以通过提高储蓄率、丰富理财产品来吸引更多的储蓄，获取更多的资金，同时实现投资渠道的拓宽与资金的使用效率提高。二是银行可以通过利率影响消费信贷和直接信贷水平，进而影响产品市场的需求，实现对金融资源的合理化配置。三是银行可以通过自身能获取信息的优势缓解金融市场的信息不对称。随着绿色金融与碳中和等相关概念的提出，银行在贷款投向方面更加关注企业的社会责任以及投资项目绿色化水平，银行所拥有的信息优势，使其在与企业的交往过程中，能够通过信息披露机制减少贷款风险，降低自身的放贷成本与企业融资的交易成本，通过将资金配置到效益较高且社会责任感高、环境风险低的项目上，提高资源配置效率。四是银行可以通过建立和健全项目风险管理机制，对投资项目提前进行有效的风险管控，有利于项目的顺利达成。

其次，证券市场发挥着积极推动作用。一方面，股权融资为企业直接融资提供了便利，以推动经济的质量提升。以银行为主导的间接融资在为实体经济提供资金的过程中，难以避免地会出现信贷期限性、利息较高的弊端，而股权融资则有效地避免银行信贷存在的弊端，对于实体经济而言，能够节约融资成本。并且，对于缺乏抵押品且不确定性相对较高的企业，如果通过股权融资，能够以创新技术带来的潜在高额回报吸引更多风险偏好的投资者，融通到更多的资金①。同时，债券融资发挥税盾作用，降低企业成本，提高企业收益。企业作为实体经济的细胞，能有效促进经济的优质发展。由于企业债券的流动性大，投资者的控制权增大，使得企业管理者需要花费更多的时间和精力来经营和管理企业，促进企业发

① 张一林，龚强，荣昭．技术创新、股权融资与金融结构转型［J］．管理世界，2016（11）：65－80.

展、助推经济增长①。

最后，保险市场发挥保障作用。保险市场主要通过四条路径来促进经济的高质量发展。一是保险市场的产出效应。保险公司为了支付后续可能发生的赔付，将保费收入投入市场，能够起到优化资源配置、降低交易成本、促进企业规模经济的作用，同时，能够实现自身资本的保值增值、创造资本的流动性，带动经济发展。二是保险市场的发展，存在空间溢出效应。由于省会城市和各市州的保险结构不同，会导致相互之间的资本、劳动和技术等生产要素跨区域流动，这种溢出会影响相邻市州的经济增长。三是打破垄断，发挥保险市场竞争效应。竞争性的保险行业能够降低市场垄断，提高市场竞争，实现“帕累托”改进，促进经济增长。四是保险市场的担保效应。担保能为实体经济发展提供保驾护航的作用，分散风险，从而促进经济发展。

2. 金融发展系统对经济高质量发展系统的反向制约作用

金融发展系统对经济高质量发展系统的反向制约作用如图 2.3 所示。

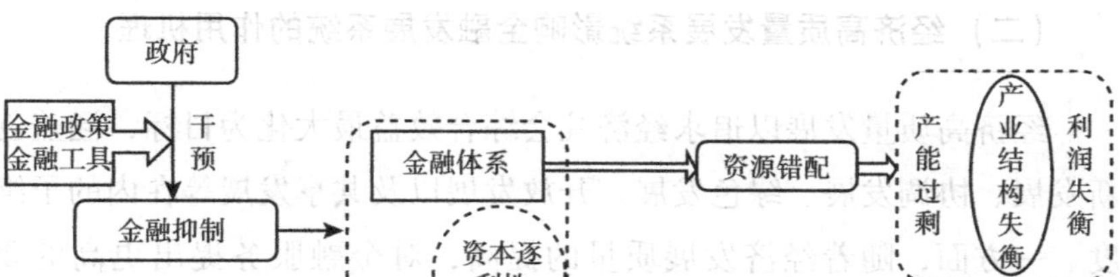

图 2.3 金融发展系统对经济高质量发展系统的反向制约作用

首先，金融抑制的普遍存在，有碍经济发展。由于金融抑制的普遍存在，政府可以利用金融政策和金融工具来干预金融活动和金融体

① Slovin MB, Polonchek SJA. The Value of Bank Durability: Borrowers as Bank Stakeholders [J]. The Journal of Finance, 1993, 48 (1): 247 -266.

系，影响利率和汇率使得金融价格发生扭曲，导致金融体系的发展受到抑制。在金融抑制下，由于存款的实际收益率较低，出现储蓄低下，而银行却不能根据风险程度自身决定利率水平，偏低的实际贷款利率会吸引低风险、低收益的项目，而生产性项目或风险高的项目难以获得贷款，即使采用信贷配给，追求利润最大化的银行只会选择安全的项目，降低自身风险。因此，间接融资市场效率低下、经济增长难以达到最佳水平、融资形式受到限制，仅靠银行体系不能支撑经济增长的需求，容易出现资金错配，使得金融资源未能得到充分利用，打破了融资结构与产业结构之间的平衡（见图 2.3）。

其次，资本的逐利性使得其偏好投向回笼快、投资回报高的领域。由于实体产业投资回报周期长，资金回笼速度慢，利润收益低，而股票市场、房地产等部门回报利润高，金融资本的逐利性使得资金主要用于投资股票市场、房地产市场等非实体经济领域，造成流入市场的资金始终循环于金融体系内部，产生虚拟经济过度膨胀现象。这些将导致实体经济部门凸显融资难问题，发展动力不足，资金吸附能力减弱，逐渐形成实体产业“空心化”格局①。

（二）经济高质量发展系统影响金融发展系统的作用机理

经济高质量发展以追求经济社会综合效益最大化为目标，涵盖创新发展、协调发展、绿色发展、开放发展以及共享发展等在内的子维度。一方面，随着经济发展质量的提高，对金融服务提出更高的要求，需要实现金融规模的扩大、结构的优化及服务的效率提升；另一方面，倘若经济发展速度与质量滞后于金融的发展，则经济发展会对金融发展产生阻碍。

1. 经济发展对金融的正向推动作用

金融的存在与发展要基于经济发展的基础，经济的发展通过实体

① 代芳芳．省域金融与实体经济耦合协调的空间差异研究［D］．贵阳：贵州大学，2019.

产业的投融资需求和产业结构的安排推动金融发展。第一，现代经济发展需要大量资金作为要素投入，催育了金融体系的产生；第二，经济发展水平的提高要求新的金融产品和服务；第三，金融发展的利润来源于经济发展（见图 2.4）。

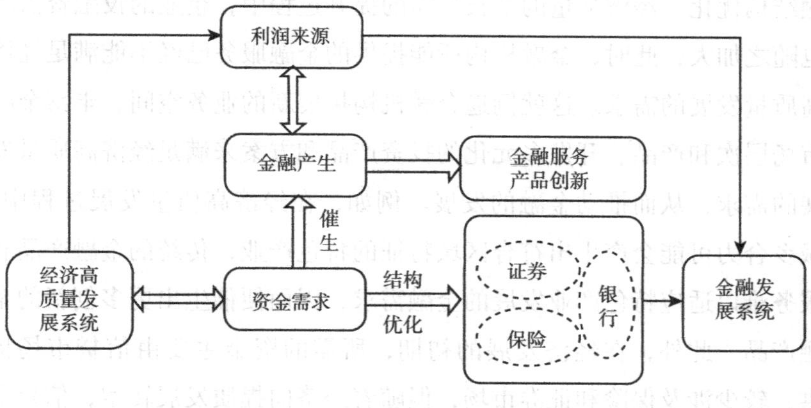

图 2.4 经济高质量发展系统对金融发展系统的正向推动作用

第一，经济发展对质和量的提升导致资金需求的加大，促进金融体系的形成与完善①。通常而言，大多数企业都无法承担从资本投入产品研发再到新产品成功上市销售的全部费用，这一过程需要大量的资金投入。对于大企业而言，这个过程会大量减少流动资金，机会成本增大；对于小微企业而言，不仅流动性受限，还常常会引发破产的风险。并且，大量的固定资产和研发投入短期内难以变现。企业需要持续的研发投入或扩大生产的需求，若企业尚未达到上市条件，不能在直接融资市场筹资，间接融资市场应运而生，为企业提供投融资服务，保障企业日常生产。随着经济由关注量转向注重质的发展，产业结构发生调整，服务业产值在经济总量中占比加大，经济质量发展对企业创新的要求催生了一批创新型产业，这

① 刘金全，于惠春．我国固定资产投资和经济增长之间影响关系的实证分析［J］．统计研究，2002（1）：26－29.

类产业一般存在着较大的风险，原有的银行体系为了规避风险通常不愿意介入，难以满足这类产业发展所需的资金，提升了扩大直接融资市场的需求。

第二，经济高质量发展促进金融服务和金融产品的创新、促进金融结构优化。经济从量的增长到质的提升过程中，企业的投融资需求也随之加大，此时，金融机构所能提供的金融服务已经不能满足经济高质量发展的需求。这就倒逼金融机构拓展新的业务空间、丰富金融市场层次和产品、开发多元化的投资产品和方案来满足经济高质量发展的需求，从而推动金融的发展。例如，在经济高质量发展过程中，城乡合力可能会产生出符合区域特征的特色产业，传统的金融产品和服务难以适应特色产业发展的金融需求，因而便催生出更多创新的金融产品。此外，在经济发展的初期，所需的资金主要由信贷市场提供，较少涉及保险和证券市场，但随着经济向提质发展转型，信贷市场已经不能满足经济发展中所需的大量资金，因此，资本市场则成为企业外部融资的主要来源。同时，随着经济的不断发展，企业面临的风险加大，对保险产品的需求增加，有利于保险市场的发展，使得金融结构由最开始的以银行为主导的单一化结构发展到银行、证券、保险共存的多元化发展结构，即经济发展质量提高促进金融结构不断优化。

第三，经济提升发展质量为金融发展提供利润来源。由于股票、债券、汇票等金融工具中并未凝结劳动价值，因而不创造价值。即使金融资本可以通过循环反复运动产生利润，但实体资本创造的增值仍是其利润来源①。随着金融体系的发展完善和实体经济融资需求的多元化，我国传统的“银行主导型”金融结构将向“金融服务主导型”转变，利润来源更加广泛。为满足实体经济发展对金融服务的需求，金融体系加快创新产品和服务，使得利润更多来源于

① 马克思，恩格斯．马克思恩格斯全集（第2卷）［M］．北京：人民出版社，1974.

中间业务。因此，经济发展为金融提供基础利润来源，促进金融的进一步发展。

2. 经济发展对金融的反向制约作用

在经济发展过程中，产业结构不合理、流动性不足、风险传染以及信用违约均会破坏金融体系的良性发展（见图2.5）。

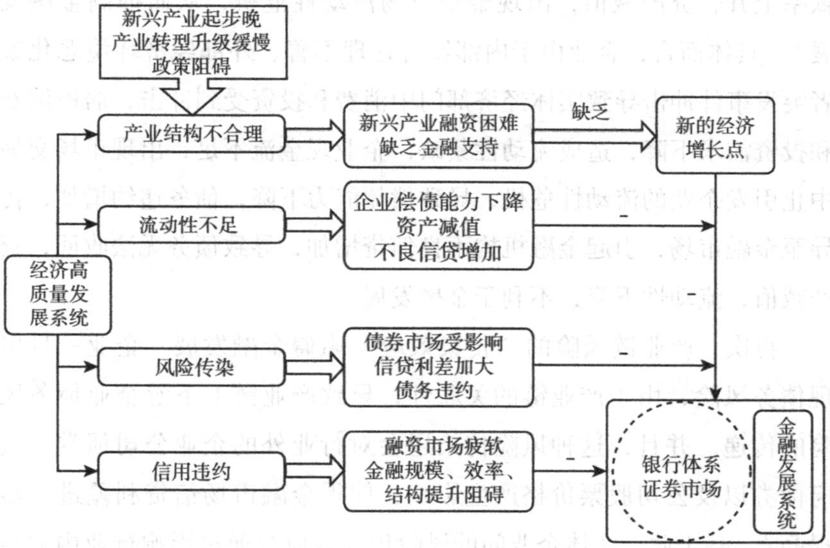

图2.5 经济高质量发展系统对金融发展系统的反向制约作用

首先，虽然贵州省产业结构在调整中日益优化，由于新兴产业起步晚，亟待升级的传统产业、主导产业转型缓慢，与发达地区仍存在一定差距。产业结构不够合理，低成本的优质资本更多地流入国有制企业和大型传统制造企业，新兴的服务业与高新技术融资困难，难以获取低成本发展资金。实体经济产业融资成本高、资金配置效率低下，产业结构优化升级困难，抑制了金融支持的意愿与效率①。同时，贵州省的实体产业发展长期主要依靠资源的高消耗，尚未达到产

① 过旭东．金融发展、产业结构变化与实体经济增长的关系探讨［J］．商业经济研究，2021（10）：156－159.

业发展的绿色化、规模化、集约化。加之去产能政策的实施，与此有关的实体企业出现增长乏力，新兴产业尚在起步阶段，导致金融支持实体产业发展过程中缺乏新的经济增长点。

其次，经济在发展过程中，微观上企业由于流动性不足，会造成市场交易中止、资产变现能力差、债务违约率上升、金融机构不良贷款率上升、资产减值，出现金融市场流动性危机，从而抑制金融发展①。具体而言，企业由于内部经营管理不善、外部经济环境恶化或者突发事件冲击导致实体经济部门中消费和投资受到冲击，居民消费和投资需求下降，造成流动性紧缺，企业现金流不足，出现市场交易中止引发企业的流动性危机，导致偿债能力下降，债务违约增加，传导至金融市场，引起金融机构不良信贷增加，导致债务无法收回，资产减值，流动性下降，不利于金融发展。

再次，产业链风险的“传染效应”阻碍金融发展。企业一旦出现债务风险，由于产业链的关联性，导致产业链上下游企业债务风险的传递。并且，这种风险传染还会对行业外的企业公司债券、政府债券以及公司股票价格产生影响，使得金融市场信贷利差进一步提高②。基于此，实体企业间的风险传染效应会通过影响行业内的相关企业，产生企业破产、债务违约等一系列连锁反应，影响金融发展。

最后，企业的信用违约会抑制金融发展。若实体企业信用观念淡薄，出现逃废债务行为，在市场信用监管不严、信息披露机制不完善的情况下将抑制金融发展。一方面，企业与企业之间的欠债、逃债现象将会影响实体行业的健康发展，从而导致融资市场发展疲软；另一方面，实体企业对金融行业的逃债行为，会使得金融机构出现大量呆

---

① 黄玲，张庆君．疫情冲击、信用违约和流动性风险防范［J］．华北金融，2021（5）：40－48.

② Collin－Dufresne P.，Goldstein R. S.，Helwege J. Is credit event risk priced? Modeling contagion via the updating of beliefs［J］. Working paper，2010.

账和坏账，破坏信用环境，最终导致金融体系的规模扩张、结构优化、效率提高受到阻碍。

四、金融发展系统与经济高质量发展系统的协同机制

系统论是在系统科学理论的研究视角下，将研究对象看作一个具有统一性的整体，探索和分析研究对象的有机整体问题。基于系统论的研究视角，可将金融发展与经济高质量发展视为两个动态演进的系统，两者存在相互作用、相互影响，共同演化为更为复杂的“金融协同经济高质量发展”复合系统。金融发展系统由银行业、证券业、保险业三大主要行业为代表的子系统组成金融体系，可以从金融规模、金融结构、金融效率及数字普惠四个维度进行测度；经济高质量发展系统包含创新发展、协调发展、绿色发展、开放发展以及共享发展等子维度，它们相互依赖、相互影响，也相互作用。

基于协同学理论，复合系统中的两个子系统相互的作用，随着时间的发展，会从无序变为有序，在这个过程中，两子系统间可能产生相互或促进的协同效应。在我国经济由高速增长向提质增效转变的重要阶段，也需要金融提升服务实体经济的量和质。金融发展系统水平的提升基于金融市场和金融中介效率的提升，推动实体经济发展，带动经济高质量发展系统水平的提升。在金融和经济高质量发展这两个子系统发展的过程中，两者相互连接、配合，逐渐趋于更优协同，产生强于各个子系统直接相加的整体效应。同时，实体经济的进一步发展对金融的融资规模、服务功能提出了更高的要求，要求金融发展系统功能的不断完善。这样，金融发展系统与经济高质量发展系统存在相互协同合作的关系，其作用与影响关系具有系统性，既有属于自身局部要素的特点，也有两系统相互结合的整体现象，通过自组织行为形成相互促进的协同演化系统（见图2.6）。

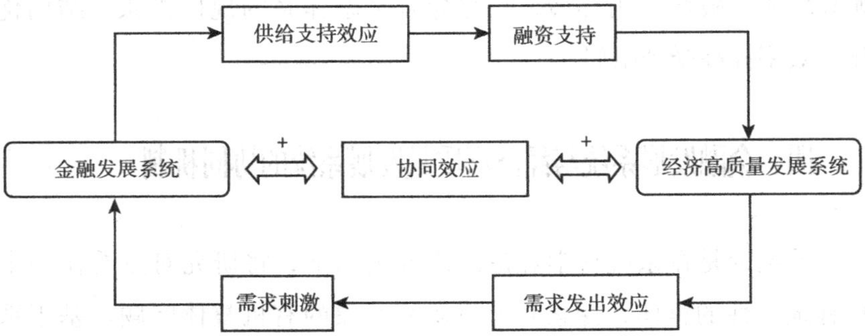

图 2.6　金融发展系统与经济高质量发展系统的协同关系

金融发展与经济高质量发展的协同机制体现在目标和运行层面上的相一致以及时间和空间上的相匹配。首先，贵州省经济高质量发展以追求经济社会综合效益最大化为目标导向，金融发展以运作良好、融资便利、服务高效、稳定安全为目标，两系统存在目标的适应性；其次，在运行层面，金融发展系统和经济高质量发展系统均依托于区域人文地理环境、基础设施及经济政策等资源禀赋条件，这些条件在一定程度上决定了金融及实体经济能否处于高质量水平，因此，两个系统在运行层面有相同的依托性；再次，金融发展系统与经济高质量发展系统的运行方向相同，两系统存在时间趋势上的阶段同步性；最后，金融发展与经济高质量发展都存在一定程度上的空间演化特征，市州域发展的非均衡性也应存在相应的匹配关系。贵州金融发展与经济高质量发展具体的协同运作机理如图 2.7 所示①。

金融的产生、发展、壮大及经济高质量发展都需要依托区域人文地理环境、基础设施及经济政策条件等资源禀赋条件，这些条件决定了金融发展及经济高质量发展水平与层级。随着人文地理环境的不断优化、基础设施建设的逐渐加强以及经济政策条件的不断向好，金融

① 周丹．面向“一带一路”中欧班列（重庆）发展演化的国际物流与区域经济协同研究［D］．重庆：重庆理工大学，2020.

和经济发展质量均得以提升。在金融和经济发展质量的互动过程中，个人投资者、金融机构、企业、政府都扮演着相应的协调主体角色，在两部门间自由流动，通过作用于人力、资本、技术、信息等客体驱动两系统的协同过程。

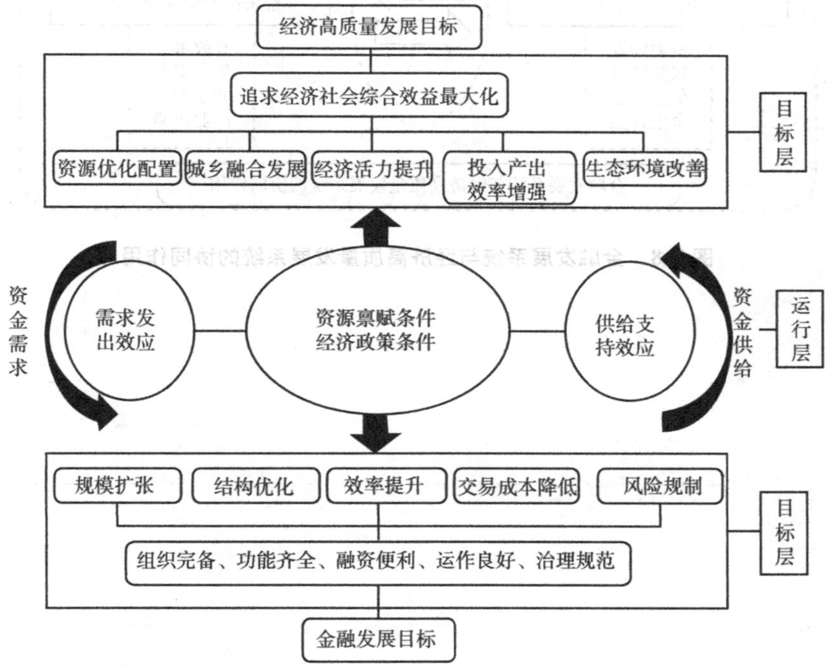

图 2.7 金融发展系统与经济高质量发展系统协同机制

金融发展系统与经济高质量发展系统相互作用的协同效应体现在两个方面：一方面，金融发展是金融规模扩大、金融结构优化及金融效率提升的综合体现，也会促进经济发展量和质的提升，改善经济发展所需的基础设施和生态环境，增强发展潜力和创新潜力，提高对外开放水平与共享能力，通过优化产业结构促成城乡合力；另一方面，经济的发展质量提升能够促进金融效率提高、结构优化、规模扩大，风险管理增强，资源配置更加合理，金融普惠水平进一步提高（见图 2.8）。

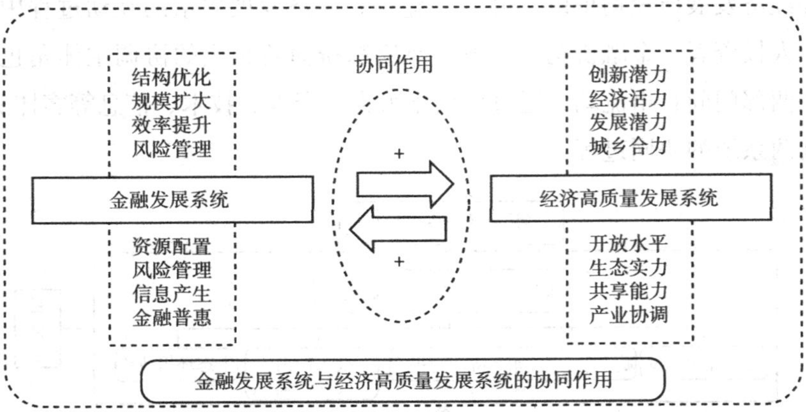

图 2.8　金融发展系统与经济高质量发展系统的协同作用

第三章 贵州省经济高质量发展状况及特征

第一节　贵州省经济发展质量特征

一、“黄金十年”的赶超后，新时期需要新动力

党的十八大以来，贵州以经济快速发展的“黄金十年”创造了贵州奇迹，“十三五”时期，通过后发优势的激发，实现了经济总量从长期落后到赶超进位的历史性突破。虽然贵州在经历了“黄金十年”的经济高速发展后，经济总量与经济结构得到了极大的提高与改善，在“十四五”规划开启的2021年，贵州省经济发展的特征体现为：一是经济增速呈现放缓调整的态势。如表3.1所示，贵州省域GDP在2021年第一季度同比增速低于全国平均水平，在全国31个省区市（除港澳台外）中仅位列第15；二是经济总量仍与发达省区市存在较大差距。贵州省GDP总量位居全国的第21，广东省GDP总量列全国第1位，是贵州省的6.25倍，贵州省GDP总量仅达其总量的16%；江西省经济发展水平位于全国中游水平，其GDP总量约为贵州省的1.5倍；山西省的经济发展水平与贵州省大体相当，但其GDP总量与增速均大于贵州省；与全国平均水平相比，贵州省GDP总量仅占全国平均水平的53.9%①（见图3.1）。

表3.1　　2021年第1季度贵州省GDP数据与全国平均水平对比

省份	GDP总量	GDP增速	总量全国排位	增速全国排位
贵州省	4336.47	16.1%	21/31	15/31
全国平均水平	8042.26	18.3%	—	—

数据来源：贵州省统计局（http：//stjj.guizhou.gov.cn）、国家统计局（http：//www.stats.gov.cn）。

① 数据来源：贵州省宏观经济数据库（http：//www.guizhou.gov.cn）。

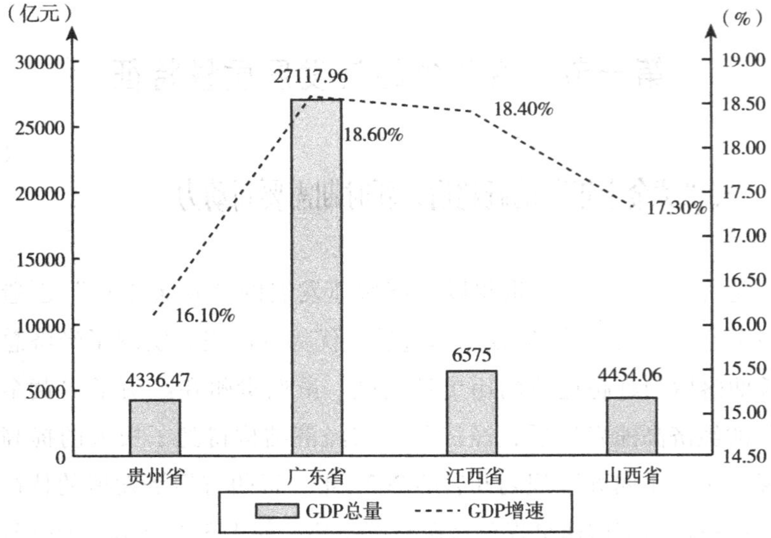

图 3.1 2021 年第 1 季度贵州与其他省域 GDP 总量及 GDP 增速比较

数据来源：贵州省统计局（http：//stjj. guizhou. gov. cn）、国家统计局（http：//www. stats. gov. cn）及广东、江西、山西省统计局官网。

“黄金十年”凭借后发优势取得傲人成就的贵州省，进入“十四五”时期，随着外部国际形势与内部政策导向的变化，贵州的经济发展环境与发展目标也发生了改变。因此，亟须寻找新的动力与新的经济增长点，以新动力驱动，实现经济持续向高质量迈进。

二、工业与服务型经济并行，发展潜力不断增强

基于独特的资源禀赋与地方产业政策的引导，贵州省产业结构不断优化，逐渐形成了由“二三一”型产业结构向“三二一”型转变的产业协同发展趋势，即以大数据技术，依托大生态，发展大健康产业等服务业导向作为新的结构调整战略。如图 3.2 和表 3.2 所示，2015 ~2019 年，贵州省第三产业占比呈现出逐年上升的态势，并对贵州省 GDP 增长维持着 47% 以上的贡献率；第二产业增加值在产业结构

中比重呈现小幅度的下降，但其对地区生产总值增长的贡献率一直相对稳定，长期维持在36%以上，其中工业增加值起主要推动作用。此外，贵州省GDP与第二产业增加值关联度最强，第三产业增加值次之，而其中第二产业增加值又与工业关联度最强（王美娜和杨孝斌，2021①），体现工业和服务业对地区经济增长有明显的促进作用，表明贵州省经济增长动力由工业化初期单一的“工业型经济”向“工业与服务型经济”转变，形成了并驾齐驱、共同发展的新态势。

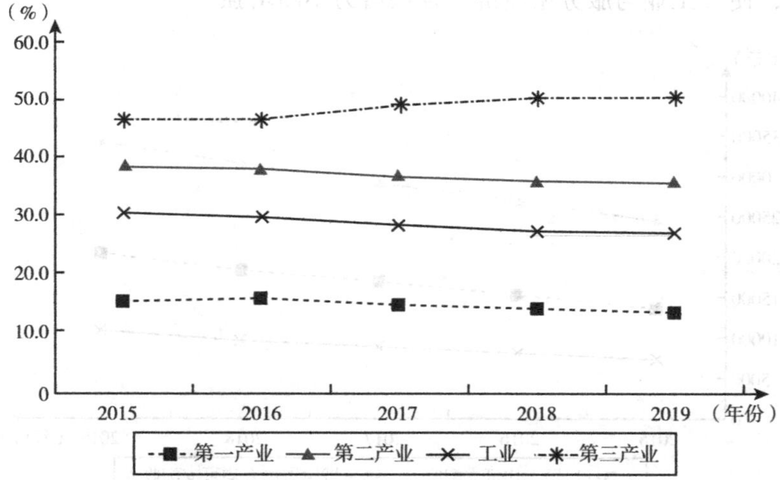

图3.2 2015～2019年贵州省产业结构变化趋势

数据来源：《贵州统计年鉴》（2016～2020年）。

表3.2 2015～2019年三次产业增加值对贵州省GDP增长的拉动

指标	2015年	2016年	2017年	2018年	2019年
第一产业增加值	9.3%	8.6%	8.8%	11.0%	9.6%
第二产业增加值	41.1%	41.0%	36.3%	37.4%	42.2%
*工业增加值	27.1%	27.6%	24.5%	26.4%	31.3%
第三产业增加值	47.7%	50.5%	53.9%	51.6%	47.0%

数据来源：根据《贵州统计年鉴》（2016～2020年）计算整理得到。

① 王美娜，杨孝斌．基于GM（1，1）的贵州省GDP预测及产业结构的灰色关联分析［J］．数学的实践与认识，2021（2）：180－188.

按照发达国家和地区的一般经济发展规律，随着经济的发展，贵州省的第二、第三产业具有持续发展的潜力（黄林，2019）①，将有效带动贵州省实现整体经济水平的进一步提升，表现为居民人均可支配收入的进一步增加。如图 3.3 所示，2015～2019 年，贵州省城乡居民人均可支配收入均显著增加，其中农村居民人均可支配收入年均增长 9.85%，并在 2019 年突破万元。由此带动居民的消费水平全面提高，进而反作用于第二、第三产业的建设，形成良好的正反馈机制，使“工业与服务型经济”发展潜力不断增强。

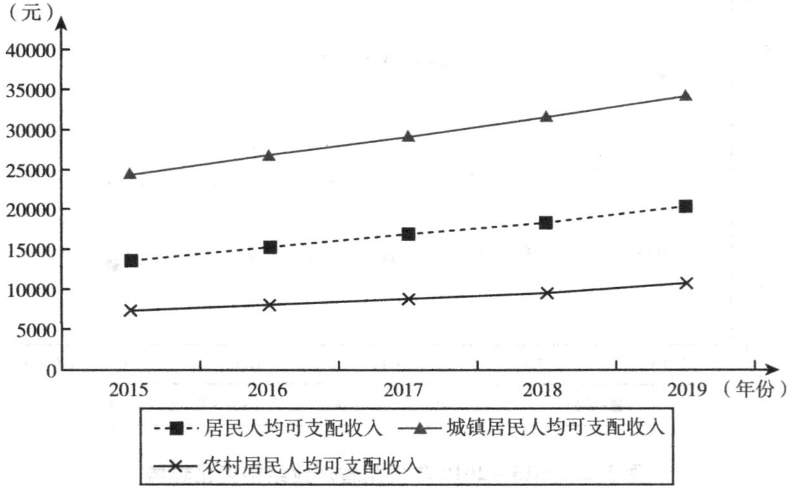

图 3.3　2015～2019 年贵州省居民人均可支配收入

数据来源：2016～2020 年《中国统计年鉴》、2016～2020 年《贵州统计年鉴》。

三、建设乡村产业体系，特色农业振兴乡村

党的十九大报告中明确提出了“乡村振兴战略”，为贯彻落实党的十九大战略部署，积极落实国务院相关文件精神，2018 年 7 月，贵州

① 黄林．贵州省产业结构变迁与经济增长关系研究——基于要素禀赋理论视角［D］．贵阳：贵州财经大学，2019（6）．

省政府积极出台了《中共贵州省委贵州省人民政府关于乡村振兴战略的实施意见》，意见旨在发力推进新时代贵州乡村实现全面振兴。

近年来，贵州农业农村经济工作紧紧抓住国家实施西部大开发战略和宏观政策的历史性机遇（陈秋睿，2018）①，利用乡村资源禀赋优势，逐步构建起以农业为基础，工业与服务业交叉融合发展的现代乡村产业体系，主要体现在：一方面，现代山地特色农业高效发展。贵州省2019年2月出台《省委省政府领衔推进农村产业革命工作制度》，结合各地区的气候条件及土壤特点，总结出12个农业特色优势产业②，以带动当地农业的发展。据统计，特色产业仅2019年就带动贵州省111.8万贫困人口实现增收③。另一方面，农村产业深度融合发展。在构建产业体系的过程中，通过将农业与现代产业要素有机结合，实现“农业+”发展模式。目前，贵州省已在“农业+旅游”和“农业+大数据”等方面取得一定成绩，尤其是“农旅融合”模式，2017年以来，已累计帮助超过100万贫困人口实现增收④，在助力脱贫攻坚，推进产业集群发展中起着重要作用。

四、城镇化水平不断提高，城乡合力持续增强

为落实国务院《国家新型城镇化规划（2014～2020年）》建设，贵州省政府先后印发了《省人民政府关于深入推进新型城镇化建设的实施意见》与《贵州省山地特色新型城镇化规划（2016～2020年）》，以促进贵州省城镇化持续快速发展。“十三五”期间的

① 陈秋睿．乡村振兴战略背景下贵州产业发展的路径研究［J］．特区经济，2018（12）：63－66.

② 12个农业特色优势产业分别为茶叶、食用菌、蔬菜、牛羊、特色林业（竹、油茶、花椒、皂角等）、水果、生猪、中药材、刺梨、生态渔业、辣椒、生态家禽．

③ 金忠秀．“黔货出山势头猛”“利益联结”荷包鼓——贵州纵深推进12个农业特色优势产业发展［N］．贵州日报，2020（7）．

④ 贵州产业技术发展研究院．乡村振兴战略背景下贵州农村一二三产融合发展研究［J］．中国市场，2021（5）：61－63.

新型城镇化建设成效是相关政策、意见推动与落实的结果（见图3.4）。贵州省城镇化率在2015～2019年逐年稳步提高，年均增长率达4.17%高于全国平均水平2%，逐年缩小与发达地区的差距；图3.2和表3.2显示产业结构不断优化，服务业拉动地区生产总值的作用正逐年增强，也可以看出贵州省城镇化水平提高带来的效果（见图3.4）。

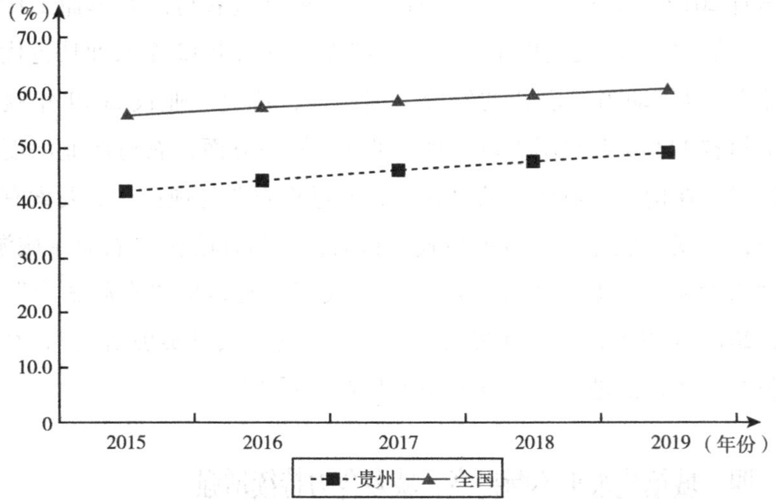

图3.4　贵州省与全国2015～2019年城镇化水平比较

数据来源：《中国统计年鉴》（2016～2020年）。

2019年5月，国务院印发了《关于建立健全城乡融合发展体制机制和政策体系的意见》，提出融合城乡发展，合理资源配置。近几年，贵州立足城乡发展实际，不断改革创新，在政策、公共资源、收入水平和治理制度等方面朝均等化方向发展，贵州省城乡居民恩格尔系数变化的明显差异可以提供一定实证。从图3.5可以看出，贵州省城镇和农村居民2019年的恩格尔系数均较2015年有所下降，其中农村居民下降了7.8%，下降幅度比城镇居民高出5.3%。在一定程度上说明城镇和农村居民的生活质量均得到改善，且农村居民的改善效果更为显著。

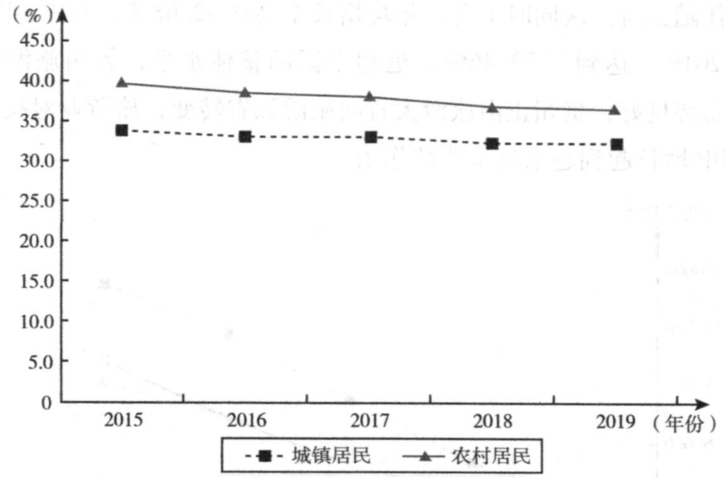

图 3.5 贵州省城乡居民 2015~2019 年恩格尔系数比较

数据来源：2016~2020 年《贵州统计年鉴》。

五、依托生态实力保障，旅游产业发展良好

在传统的经济发展观中，山地特色的地理环境是贵州经济发展的制约①。然而，基于生态经济学发展的视角，这种地理环境保留了大量的原生态自然资源，孕育了各民族不同的文化，为多彩贵州的特色旅游产业发展提供了良好条件。贵州省政府印发的《贵州生态文化旅游创新区产业发展规划（2012~2020 年)》提出了加快旅游强省建设步伐，并出台了相应的政策对旅游业进行扶持，各州市也积极响应号召，结合自身优势建设当地特色旅游项目，由此形成了以自然风光和民族文化为支柱，以“山地公园省，多彩贵州风”为品牌的综合旅游产业体系。截至 2019 年末，贵州省旅游总人数突破 10 亿人次，近 5 年年均增长达 50.42%，增长率和总人数均远超云南、广西等旅游大省（见图 3.6）。而从表 3.3 和表 3.4 可以看出，贵州省旅游总

① 于漪，李桥兴．提升贵州生态旅游价值［N］．贵州日报，2020（4）．

收入伴随旅游人次同时上升，年均增长率高达62.68%，且占GDP比重在2019年达到了73.46%，远超全国的整体水平，表明旅游产业发展态势良好，贵州正由旅游大省向旅游强省转变，旅游业对拉动当地GDP增长起到越来越重要的作用。

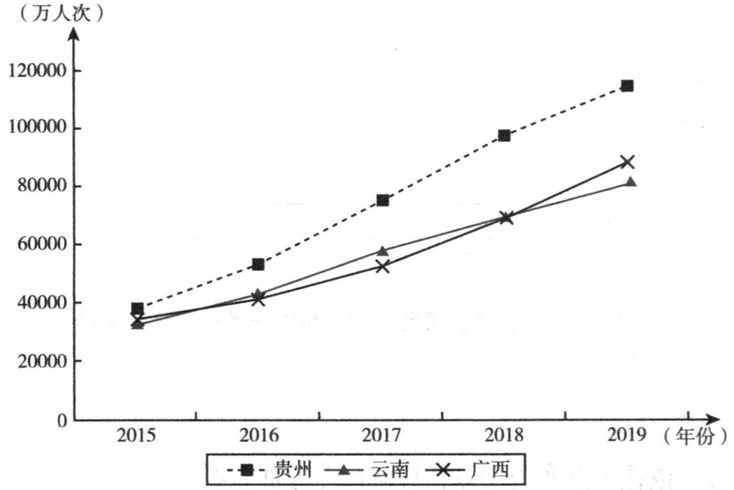

图3.6　西南三省2015~2019年旅游总人数比较

数据来源：根据2016~2020年《贵州统计年鉴》、2016~2020年《云南统计年鉴》和2016~2020年《广西统计年鉴》计算得到。

表3.3　贵州省2015~2019年旅游总收入与GDP比较

指标	2015年	2016年	2017年	2018年	2019年
旅游总收入（亿元）	3512.31	5027.54	7116.81	9471.03	12318.86
GDP（亿元）	10541	11792.35	13540.83	14806.45	16769.34
旅游收入占GDP比重（%）	33.32	42.63	52.56	63.97	73.46

数据来源：根据《贵州统计年鉴》（2016~2020年）计算得到。

表3.4　全国2015~2019年旅游总收入与GDP比较

指标	2015年	2016年	2017年	2018年	2019年
旅游总收入（亿元）	41582	47190	53683	59540	65782
GDP（亿元）	688858	746395	832036	919281	990865
旅游收入占GDP比重（%）	6.04	6.32	6.45	6.48	6.64

数据来源：根据2016~2020年《中国统计年鉴》计算得到。

六、交通、数据优化布局，共享能力获得提升

“十三五”时期以来，在借鉴国内外先进交通规划建设经验的基础上，以“交通兴，则贵州兴”的发展理念，全面推动交通基础设施建设，基本形成了包括高速铁路、公路及民用机场为交通“骨架”，普通铁路与普通的国省干道为支撑，农村县乡公路为交通“脉络”，通村通组的公路为交通“毛细血管”的网络化、立体化的综合交通基础设施体系①。贵州2015年就已实现88个县域通高速的目标，从此开启了高速公路飞速发展的新阶段。从图3.7看出，2015~2019年，贵州各类交通运输方式均有着不同程度的发展，其中高速公路增加最为明显。贵州高速公路里程截至2019年末已突破7000公里，较2015年增长了36.6%。高速公路等交通运输方式的优化发展，带动了旅游、农业等产业的发展，为脱贫攻坚起到了关键的助推作用。

作为全国首个国家大数据综合试验区，贵州自2016年以来在数字产业化方面加快布局，已建成我国数字经济和大数据产业发展的示范地区。据中国信息通信研究院统计，贵州省数字经济增速快，已连续五年排名位居全国第一，2019年贵州省数字经济实现同比增长22.1%②。一方面，通过引入腾讯、华为、苹果等超大型的数据中心，为数字经济的培育和壮大奠定基础；另一方面，通过搭建“云上贵州”平台，将物流、医疗、交通、农业、教育等产业有机结合，实现行业间数据共享，以“大数据+”推动千企改造、万企融合，实现了大数据产业化并与实体经济深度融合及创新发展。

---

① 邵勋．“黔”力无限，未来可期——贵州交通“十三五”发展成就、做法及启示[J]．中国公路，2020（24）：16－19.

② 中国信息通信研究院．中国数字经济发展白皮书［R/OL］．（2021－04－25），http：//www.caict.ac.cn/kxyj/qwfb/bps/202104/P020210424737615413306.pdf.

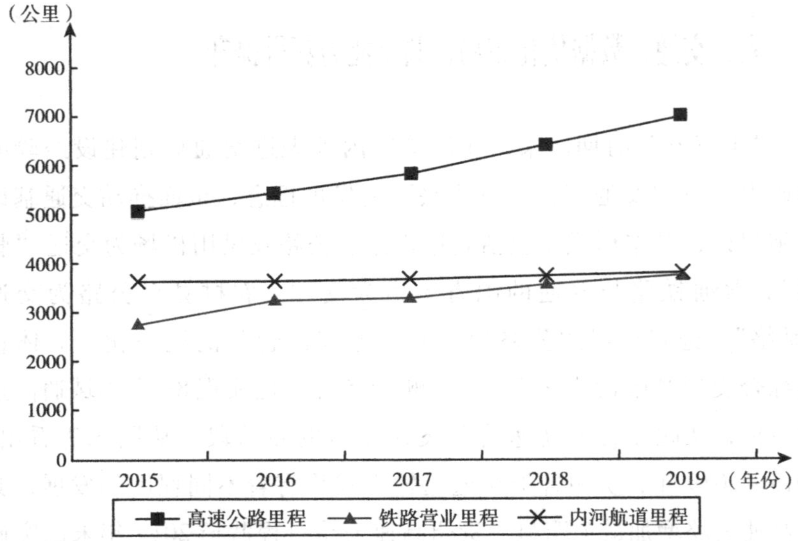

图 3.7 贵州省 2015～2019 年交通运输业发展状况

数据来源：贵州省宏观经济数据库（http：//www. guizhou. gov. cn）。

第二节 新时代贵州省经济高质量发展的要求与特征

一、进入新时代以来贵州经济质量建设的重点①②

（一）转换发展方式，实现增长方式的转变

长期以来，贵州省社会经济发展存在经济总量小、贫困人口多、

---

① 贵州省国民经济和社会发展第十二个五年规划纲要［R/OL］.（2011－02－02），贵州人大，http：//www. gzrd. gov. cn/dbdhhy/gzsdsygrmdbdhdwchyzt/dhwg/7376. shtml.

② 贵州省人民政府办公厅，贵州省国民经济和社会发展第十三个五年规划纲要［R/OL］.（2016－08－01），贵州省人民政府网，http：//www. guizhou. gov. cn/zwgk/zcfg/szfwj_8191/qfbh_8197/201709/t20170925_824283. html.

发展速度慢、人均水平低等突出矛盾，且工业化水平低、区域发展不平衡、产业结构不尽合理等问题亟待解决，迫切需要转变经济发展方式。进入新时代以来，贵州省为加快经济发展方式的转变，坚持积极扩大消费和出口需求、实现投资较快增长等重要举措，将实现经济结构的战略性调整为目标；以科技进步与创新作为重要支撑，将根本的出发点定位为提高人民生活水平，将保护青山绿水、建设生态文明作为重要内容，将深化改革、扩大开放作为强大的动力。

（二）打赢脱贫攻坚战，实现全面小康

中国共产党将消除贫困、改善民生与逐步实现共同富裕作为重要使命，这也是社会主义的本质[①]。贵州省因长期经济落后，贫困县、贫困村、贫困人口众多，缺乏实现区域经济增长的特色与支柱型产业，为了实现全面小康，贵州省积极实施了大扶贫战略，坚决打赢脱贫攻坚战。首先，对于脱贫工作，建立起严格的绩效考核机制，并推行“政银企农”合作模式以保证扶贫工作的资金供给；其次，利用“互联网＋”实现精准脱贫，不仅对工作的开展有了更加精准的把控，而且提升了工作效率；最后，密切结合自身情况，紧紧围绕易地扶贫搬迁、基础设施完善、绿色贵州建设、产业扶贫项目、教育医疗体系及社会保障六大重点打好脱贫攻坚战。在有效的战略和多项措施的共同实施下，贵州省在新时代获得了脱贫攻坚战的全面胜利。

（三）调整产业结构，建设区域特色产业

产业结构调整是贵州省经济建设的重点。第一，按照新型工业化要求，持续推动工业强省战略，改造传统产业、壮大支柱产业、发展新兴产业、形成特色工业经济体系。第二，提升农业产业化水平，优化农业结构。积极推广农业科技，打造贵州特色农产品品牌，建立高

---

① 中共中央国务院关于打赢脱贫攻坚战的决定［R/OL］.（2018－08－19）中华人民共和国中央人民政府网，http：//www.gov.cn/zhengce/2018－08/19/content_5314959.htm.

产、优质、生态、安全的现代山地特色高效农业产业体系。第三，充分利用贵州省独特的山地自然景观、优良的气候与生态环境及多彩民族文化等条件，发展旅游产业集聚群，打造出一批特色突出、市场竞争力强的旅游产品，构建独特的旅游产品体系。第四，产业结构优化升级的战略重点是以产业化、市场化及社会化为导向，加快现代发展服务业、壮大规模的同时，拓宽服务业领域，优化服务业结构，形成具有贵州特色的现代服务业体系。

（四）统筹城乡建设，加速城乡融合

在城镇化布局方面，以贵阳为中心，以贵阳—遵义、贵阳—安顺、贵阳—都匀和凯里为主轴，以六盘水、兴义、毕节、铜仁为区域中心城市，以一批中小城市为网络节点，形成“一核、一群、两圈、六组、多点”的省域空间格局，实现对全省城镇化的快速带动。乡村振兴方面，在全面改善农村人居环境与农村生产生活条件的基础上，大力推进乡村建设。以城镇化发展实现对乡村发展的带动，为乡村发展积极提供支持，加快统筹城乡建设，加速城乡融合，促进经济发展。

（五）深化改革与开放，增强经济活力

为改变传统管理方式低效、体制机制转换滞缓等状态，“十二五”至“十三五”期间，贵州省一直把深化改革作为经济质量建设的重点来抓，通过行政体制改革的深化，逐步减少政府对经济的干预，同时提高行政效率；通过国有企业改革深化，积极推进现代企业制度建设；通过要素市场改革深化，提高资源的利用效率；通过投融资体制改革深化，提高对投资主体的吸引。此外，贵州省积极践行开放战略，通过进一步开放投资领域、积极发展对外贸易并改善投资环境来全方位提升对外开放水平。同时，依托区位优势，积极融入“一带一路”、长江经济带、西部陆海新通道协同发展区以及与全国重点区域和省份的发展与合作。

（六）优化区域空间布局、构建协调发展格局

进入新时代以来，贵州省先后建立了一批包括黔中经济区、黔北经济协作区及毕水兴经济带等具带动效应的经济区，并将黔中经济区列在区域协调发展总体战略的优先地位，通过黔中经济区的优先发展，将“点—轴”与“增长极”的区域经济发展模式相结合，带动全省经济发展。同时，支持县域经济发展，基于县域资源的比较优势大力发展特色产业，实行分类施策和差异化发展，构建区域协调发展的格局。

（七）加强基础设施建设，夯实基础平台

贵州省以快速铁路为重点加快铁路建设，以高速公路为重点，建成“六横七纵八联”的公路交通，同时完善民用航空体系、积极推进内河水运道路建设，通过水陆空三种途径建设综合交通运输枢纽，为经济质量建设提供了交通保障。在水利方面，两个五年计划期间，贵州省既加快供水体系的建设，又做好防洪抗旱，完善水利机制，减少可能对经济发展的冲击。在基础设施网络方面，大力推进信息基础设施体系的建设，加快能源网络设施建设，保障经济发展的能源供给。

（八）实施创新驱动，建设创新型省份

创新驱动发展战略强调科技创新，它是提高社会生产力与一国综合国力的战略支撑，必须将其置于国家发展全局的中心位置①。贵州省积极响应国家战略发展要求，将科技创新放在全面创新的首要位置，通过构建高效协同的创新体系、创建创新平台和体制机制，发挥

① 中共中央国务院，国家创新驱动发展战略纲要［R/OL］.（2016-05-20）中华人民共和国国务院新闻办公室，http://www.scio.gov.cn/xwfbh/xwbfbh/wqfbh/33978/34585/xgzc34591/Document/1478339/1478339_1.htm.

科技有效支撑经济发展的作用。同时，将“大众创业、全民创新”思维融入全民素质教育，以期激发大众创新创造活力。此外，贵州省实施的“双创”计划，打造了创业服务与创业投资结合、线上与线下结合的开放式服务载体，为构建创新性省份提供基础平台。

（九）推进生态文明建设，发挥生态环境优势

“绿水青山就是金山银山”是习总书记给出的生态发展模式，贵州省积极践行习总书记的思想，秉持“保护优先、自然恢复为主”的理念，积极推进贵州绿色生态廊道的建设，同时，全面开展水资源、大气、土壤资源及固态废物等的污染防治；实施更为严格的环境保护与环境保护问责制度；积极发展生态产业与循环经济，加强水资源、土地资源和矿产资源的节约利用以推进节能降耗。此外，贵州省遵循低碳经济的发展模式，建立并完善用能权、碳排放权、排污权等交易制度，建设低碳社会。

（十）提升教育水平，增强人力资本素养

教育是提升第一生产要素——人力资本要素的重要途径。在经济质量发展新的阶段，贵州省狠抓落实教育体制改革，通过不断巩固与提高义务教育水平，着力突破高中教育、积极发展职业教育和高等教育，必须将教育摆在优先的发展位置。同时，在保证教育优先地位的前提下，围绕经济社会发展需要，加速重点领域稀缺人才的培养和引进。此外，政府放松管理，保证用人单位能够自主用人、人才能够自主择业，促进了人才和用人单位间的良性互动。

二、“十四五”期间贵州经济发展的新任务

（一）构建四大体系，以四轮驱动加速经济发展

贵州省创新提出“十四五”时期发展的“一二三四”总体思路，

其中，“四”即指“四轮驱动”，指大力推动新型工业化、新型城镇化、农业现代化和旅游产业化，四个轮子一起转，带动贵州经济加速发展。一是以新型工业化构建高质量的工业产业体系。强调将实体经济作为经济发展的着力点，加快工业化进程，大力实施产业发展提升行动，提高经济质量效益和核心竞争力。将加快发展优质烟酒和生态特色食品产业建设绿色食品工业基地；发展基础能源和清洁高效的电力产业以保障能源安全供给；发展现代化工和新型建材产业以增强资源型产业可持续发展能力和市场竞争力；发展现代装备制造业和大数据电子信息产业以落实制造强国战略。此外，优化工业产业布局，建设特色产业园区，推动优势产业集聚发展。二是以新型城镇化构建高质量城乡体系。优化城镇化布局，在“十三五”城乡建设的基础上，进一步发展黔中城市群，以贵阳贵安为中心、贵阳—贵安—安顺都市圈和遵义都市圈为重点，其他州市中心城市为重心组建起新型城镇空间布局。强调提升城镇综合承载能力、推进农业转移人口市民化，促进农业转移人口全面融入城镇。三是以农业现代化打造乡村振兴建设体系。将“三农”问题作为全省工作的重点，结合省情将发展山地特色高效农业作为农业发展的核心，将推动农村三大产业融合和提升农村基础设施水平作为保障，提升农业质量效益和竞争力。四是以推进旅游产业化形成高质量的现代服务业体系。将旅游业作为龙头带动服务业的全面发展，完善旅游业发展的基础设施和网络服务体系的同时，着力发展现代金融、商贸和会展业，推动生产性服务业的发展，实现贵州省服务业融合化、集聚化、数字化和智能化水平的提升。四大体系形成贵州经济发展质量的四大支撑，在新时期加速推进经济高质量发展①。

① 贵州省国民经济和社会发展第十四个五年规划和2035年远景目标纲要［R/OL］.（2021-05-08）中华人民共和国国家发展和改革委员会，https：//www.ndrc.gov.cn/fggz/fzzlgh/dffzgh/202105/t20210508_1279407_ext.html.

（二）建设三大试验区，以创新驱动带动经济发展

首先，国务院在《促进大数据发展行动纲要》中，明确了开展区域试点，推进贵州大数据综合试验区建设，顺应国务院号召，将坚持创新驱动、高质量建设国家大数据综合试验区作为经济发展的重要任务。促进数字化和产业融合，推动产业数字化和数字产业化，推动“5G+”智能产业[①]；加快人工智能、区块链、物联网等新技术应用和互联网经济、平台经济以及无接触经济等新业态的发展，同时，推进传统产业与大数据融合并实现转型升级。以科技创新为支撑，加强重点领域技术创新、提升企业技术创新能力、完善科技创新体制机制，支持经济社会的发展。

其次，贵州省一直将生态文明作为高质量建设的重要内容，也是贵州省发展经济的优势。“十四五”期间将继续秉承生态文明建设的思想，坚持生态优先、绿色发展，高质量建设国家生态文明试验区。在生态环境治理和保护方面，加快构建“山水田湖草生命共同体”、加大石漠化综合防治力度、实施“自然恢复为主、人工措施为辅”的自然生态系统修复工程，同时，打赢水污染、大气污染和土壤、固态废物污染防治攻坚战；在生态文明制度体系建设方面，通过健全生态环境保护措施和完善环境污染治理机制为生态文明建设提供制度保障；在可持续发展方面，大力发展绿色生态经济和循环经济，并着力推进节能降耗，积极推行绿色生活方式以构建生态经济体系。

最后，贵州省将高质量建设国家内陆开放型经济试验区。其一，通过提升传统消费、培育新型消费、改善消费环境来增强消费对经济发展的基础性作用；其二，通过优化投资结构、提高投资收益、激发投资活力来发挥投资对优化供给结构的关键作用；其三，通过建设开放型平台、推动开放口岸建设、促进对外贸易发展、践行“引进来”

① 促进大数据发展行动纲要［R/OL］.（2018－09－14）中华人民共和国商务部，https：//zycpzs. mofcom. gov. cn/html/nysczl/2018/9/1536891477862. html.

和“走出去”战略并营造良好开放环境来发展高水平开放型经济。此外，贵州省将不断提升有效供给能力和构建畅通的现代流通体系以期积极融入国内国际双循环。

（三）打造三大支撑，以战略支撑促进经济发展

进入新时代以来，贵州省一直将基础设施的建设作为经济发展基石，“十四五”规划提出“加大现代化基础设施的建设力度，增强高质量发展的支撑能力”。一是加快新型基础设施网的构建，通过第五代移动通信、大数据中心、工业互联网、北斗等新型基础设施为经济发展提供更有利的基础保障。二是提升公民的文明素养和社会文明程度，通过加强公共文化服务设施建设、传承弘扬优秀民族文化、增强文化产品供给能力推动公共文化事业发展，并塑造特色文化产业品牌，培育有代表性的文化企业，实现 2025 年文化产业营业收入达 1800 亿元的愿景。三是完善社会主义市场经济体制，最大限度地激发市场活力和创造力。从市场经济基础性制度角度出发，加快产权制度的完善和负面清单制度的实施，同时，落实监督审查制度，维护市场公平竞争；从要素市场化配置角度出发，构建城乡统一的要素市场、改革要素市场价格，推进商品和服务市场的创新发展；从市场主体角度出发，深化国有企业混合所有制改革，引导和壮大民营企业加快发展①。

（四）巩固脱贫攻坚成效，进一步保障和改善民生

虽然贵州省完成了 923 万人口的脱贫工作，打赢了脱贫攻坚战，防范脱贫人口返贫是“十四五”期间贵州省巩固脱贫攻坚成果的关键任务。为此，必须将巩固和拓展脱贫攻坚成果与乡村振兴相结合，建立防止返贫的长效机制，强化巩固成果的政策保障；加强对脱贫人

---

① 中国共产党贵州省第十二届委员会第八次全体会议公报［R/OL］.（2020－12－09）贵州省人民政府网，http：//www. guizhou. gov. cn/xwdt/jrgz/202012/t20201209_65539496. html.

口的思想道德与感恩意识教育、加强对脱贫人口的政策引导和技术指导，因地制宜地发展特色产业，带动群众增收致富；加大农业农村基础设施建设、发挥农村合作社带动作用以提升脱贫人口自主生产能力。在巩固脱贫攻坚成效的基础上，持续加大保障和改善民生的力度，确保高质量发展的成果惠及全体人民。第一，通过健全企业工资决定机制和多渠道增加城乡居民财产性收入拓宽居民增收渠道，实现城乡居民收入增速高于全国平均水平的目标；第二，完善初次分配和再分配机制，提高劳动报酬占比，扩大中等收入群体，调节过高收入，逐渐缩小城乡居民收入差距；第三，通过健全就业服务体系、提升劳动力就业能力和多渠道扩大就业来实现更高质量的就业；第四，建立健全社会保险、社会救助体系，加快完善住房和公共卫生保障等社会福利保障体系，同时，积极应对人口老龄化问题，健全养老服务体系以切实保障和改善民生。

（五）统筹发展与安全，营造经济发展良好环境

安全与发展既相互统一又相互对立，安全有不可穿越的底线，发展则要求水平更高速度更快。贵州省统筹安排安全与发展，为高质量发展努力营造良好环境。一方面，采取措施防范安全事故和生物风险来努力提高公共安全保障能力，完善防震减灾体系来努力加强灾害预防能力，通过加强公安基础设施建设、提高对社会安全风险的预测和防范能力全力维护社会安全稳定；另一方面，通过深化资源共享，促进国防与经济建设有机融合，充分发挥贵州省在国家战略安全作用的同时，切实推进经济高质量发展。

三、新时代贵州经济高质量发展的特征

（一）战略驱动性

贵州经济发展“黄金十年”，取得了令人瞩目的成绩，得益于战

略驱动的实施。贵州省在“十二五”期间就已制定了工业强省战略与城镇化带动战略，推动产业结构调整，增强了城镇对经济社会发展的带动作用；“十三五”期间，贵州省实施的大扶贫、大数据及创新驱动战略行动，以战略驱动打赢了脱贫攻坚战，拓展了信息经济新空间，加快了创新型省份的建设。贵州的经济发展有着明显的战略驱动特征。

（二）后发赶超性

地区生产总值长期相对落后，经济增速未达全国平均水平，且贫困人口众多，经济转型困难，这是贵州省在过去给人留下的刻板印象。但贵州省充分利用后发优势，结合自身实际情况，从基础设施、体制机制、思想观念、人力资本、生态环境以及经济增长等方面，改变原貌，发掘需求，实现后发赶超。贵州省地区生产总值全国排名从第26位上升至第20位，平均增速达到10.02%，远高于全国平均水平[①]。后发赶超成为贵州经济发展的又一显著特征。

（三）结构优化性

贵州省结合自身资源禀赋，优化经济总体结构，主要成效体现在：一是工业化进程脚步加快，工业园区大量聚集；二是民营经济比重上升，实施了民营经济三年倍增计划，使得贵州民营经济占地区生产总值比重不断上升；三是产业发展打造特色，以优势农业产业、工业产业、旅游业为发展重点。结构优化性是新时代贵州省实现经济质量发展的现实途径和明显特征。

（四）生态保护性

习近平总书记指出：“既要绿水青山，也要金山银山”，强调我国经济要实现绿色转型。贵州省在追求经济发展的同时，更注重生态

---

① 根据国家统计局和贵州省统计局2011~2020年全国GDP数据计算，全国平均增速为6.845%。

的保护，这是习总书记的要求，也是贵州对青山绿色的保证与承诺。落实生态保护法规生态修复工程，森林覆盖率提高到55.3%，生态环境持续优化，以“绿”扮靓黔山秀水，断面水质优良率100%，集中式饮用水水源地水质达标率100%，县城以上空气质量优良天数比例达到97%。同时，贵州省将生态优势转化为经济优势，生态优先、绿色发展正在成为多彩贵州的主旋律。围绕做优生态这块长板，贵州坚持生态产业化、产业生态化，正走向生态文明新时代。生态保护性为贵州省经济的发展指引了一条人与自然和谐相处的道路。

（五）改革创新性

贵州省紧跟全国改革步伐，积极进行探索实践，大胆改革创新。国家大数据综合试验区建设为全国大数据发展积累了经验，探索了新的发展道路；政务服务的标准化、规范化、便利化改革；生态文明体制改革等均取得了明显成效；抢抓机遇、扩大开放，加快融入国内国际双循环。“十四五”新时期的贵州省将继续深化改革创新，奋力在新征程上实现新作为。改革创新为贵州省发展带来新的升级与活力。

（六）协调发展性

新时代以来，贵州省始终坚持协调发展的理念，凭自身努力探索出了一条发展的新路。一方面，贵州推进结构调整和产业协调以实现传统产业的转型升级、推进人与环境协调发展以保住“绿水青山”、推进城乡一体协调发展以缩小城乡差距；另一方面，贵州省突破自身地理位置和地理环境的劣势，积极融入区域协调发展。站在新起点，贵州省还将加深与国内国际经济带的交流与合作，结合自身优势，融入西部陆海新通道建设，以更高质量、高水平推进省区域协调发展①。协调发展是贵州省实现区域同步的关键。

---

① 贵州省委省政府放出区域协调发展大招［R/OL］.（2020－08－21）息烽县人民政府网，http：//www. xifeng. gov. cn/xwdt/zwyw/202008/t20200821_62592721. html.

第三节　贵州省经济高质量发展系统评价指标体系与发展水平评价

一、贵州经济高质量发展系统评价指标体系构建

新发展理念作为经济高质量发展的思想引领，也是经济高质量发展的核心要义，新型工业化、新型城镇化、农业现代化与旅游产业化的“四轮驱动”是贵州经济迈向高质量发展的重要战略。因此，本书立足于贵州省经济发展实际，力求在遵循高质量发展核心内涵的基础上，把握时代特征、突出地域特性，分别从“四轮驱动”、创新发展、协调发展、绿色发展、开放发展、共享发展六个维度构建综合评价指标体系，以期全面评价贵州省及下辖各市州的经济发展水平，揭示其在发展过程中存在的不足。

（一）指标体系构建的原则

1. 科学性原则

“高质量”代表了未来经济发展的方向，因此指标构建必须讲究科学性，要真实客观地反映经济发展的水平和质量。本书以新发展理念为指导原则来构建指标体系，确保指标能够客观、有效地反映贵州省经济发展的真实水平，保证指标体系构建的科学性。

2. 系统性原则

经济高质量发展是一个综合性概念，是对经济、文化、社会、生态等多方面综合发展的要求，因此对经济高质量发展水平的评价必须涵盖经济发展的各个方面，确保能够全面反映不同领域对经济发展带来的影响。综合评价贵州省经济高质量发展水平，既要考虑“高质量”，又要全面统筹五大新发展理念之间的关系，确保指标之间层次

分明、相互独立，构建一个系统全面的综合评价体系。

3. 代表性原则

经济发展涉及的领域较广，每个领域可以用多个指标进行衡量，但由于数据可得性的限制无法将所有指标囊括在内，而同一领域的指标间往往具有较强关联性，且在一定程度上可替代。因此，在构建贵州省经济高质量发展综合评价体系时，紧紧围绕五大发展理念，选取最具有代表性且最能直观地反映每一维度发展状况的指标，既能避免指标之间的相互重叠，又能保证每一维度的指标选取充分且适当。

4. 可比性原则

指标选取要有统一的标准，既要反映出贵州省下辖各市州的发展水平与发展特点，又要能体现各市州的发展水平差异，便于对各市州经济发展状况进行对比分析；而且既要能横向对比，也要纵向可比。横向对比是指贵州省各市州之间在同一时期能进行对比，纵向可比是指每一市州在不同时期的指标选取要可比，即指标选取要具有稳定性。只有选取的指标具有统一口径，在研究过程中才能避免歧义，保证评价的准确性。

5. 可操作性原则

对贵州省经济高质量发展的评价共涉及 9 大州市，各州市的发展状况不可避免地存在差异，既要确保研究所需数据可获得又要保证其真实客观，因此要求在指标选取上要有可操作性。本书所搜集数据均来自贵州省及各市州统计年鉴、政府工作报告等，以及通过已有数据计算出来的数据，都具有明确的含义及科学的计算方法，为研究提供了可操作性。

（二）评价指标体系

1. “四轮”驱动

“十四五”时期，贵州省瞄准高质量发展主攻方向，明确提出大力推进新型工业化、新型城镇化、农业现代化、旅游产业化，构建高质量发展工业产业体系、城镇体系、乡村建设体系、现代服务业体系，以马力更足的“四轮驱动”带领贵州高质量发展的列车跑出“加速度”①。实体经济是贵州省未来经济发展的着力点，因此选取工业化率、工业污染治理投资额/GDP 两个指标进行评价，其中前者体现集约化，后者是绿色化的体现。新型城镇化选取城镇化率与城市建成区绿化覆盖率两个指标。农业现代化方面设置单位耕地面积机械化动力、土地生产效率与地理标志产品三个指标。其中，机械化程度反映农业现代化水平；土地生产效率是农业生产质量效益提升的最直接体现；地理标志产品是贵州省优化农业产业结构，是贵州坚持特色发展山地高效农业的成果。旅游产业化的首要目的是提升地区经济效益，因此选取旅游总收入/GDP 与接待游客数量两个指标进行衡量。

2. 创新发展

加快转变经济发展方式，将创新摆在引领经济发展的核心位置，贵州拟通过创新继续开创下一个“黄金十年”。经济发展过程中的创新发展主要是利用政府以及社会资金对科技创新领域的持续投入，获得实际有效的创新产出，从而使创新产出成果为经济发展提供积极促进作用。因此，从创新投入、创新产出两个方面选取相关指标进行评价。创新投入选取 R&D 内部经费支出占 GDP 比重、R&D 从业人员与就业人员总数的比值、地方财政预算支出中科学技术支出占比三个指标；创新产出反映的是通过科技创新活动形成的成果，因此选择专利授权数量进行衡量。

3. 协调发展

协调发展理念既是发展目标，也是评价发展的标尺。在新时代背

① 《贵州省国民经济和社会发展第十四个五年规划和 2035 年远景目标纲要》http：//fgw. guizhou. gov. cn/zwgk/xxgkml/ghjh/202102/t20210224_66840750. html.

景下，重点促进城乡协调、产业协调与区域协调。推动经济高质量发展的突破点就在于产业结构的转型升级，主要是将发展重心向第二、第三产业倾斜，因此选取第二、第三产业增加值占 GDP 比重来刻画贵州省产业结构状况；统筹城乡发展对于经济与社会的共同进步都有极大的促进作用，选取城乡居民可支配收入差距与消费水平差距两项指标；区域间协调发展可以通过资源互补与生产要素流动发挥联动作用，带动周边经济共同发展。其主要体现为收入均衡，选择各州市人均 GDP/全省人均 GDP 来衡量。

4. 绿色发展

高质量发展是可持续的发展，贵州在经济发展过程中考虑到自然资源与生态环境的承载能力，既要减少污染的排放，又要加大对环境的治理，使经济发展与环境友好并驾齐驱，从而保证发展的可持续性。本书主要从环境污染、环境治理与绿化建设三个维度进行评价。环境污染主要是水污染、大气污染，因此选择废水排放量与 GDP 比值和二氧化硫排放量与 GDP 比值两个指标；另外，道路交通噪声、城市环境区域噪声会对城镇居民生活质量产生影响，因此也将其纳入指标体系。环境治理选择一般工业固体废物综合利用率；绿化建设方面选取了四个指标，分别为森林覆盖率、AQI 优良天数比例、人均公园绿化面积、城市建成区绿化覆盖率。

5. 开放发展

开放是实现长足发展的必然，地区发展也无法脱离开放之路。贵州省作为西部欠发达地区，对外经济的开放程度远落后于东部发达地区，对外贸易与外资吸引状况都不尽如人意，而且各州市的经济对外开放程度也极为不均衡。因此，研究主要从对外贸易与外商投资两个方面来评价。对外贸易状况最直接体现为进出口贸易额的总量，用进出口贸易总额占 GDP 比重来衡量；外资也是促进地区经济发展的一大动力，体现贵州产业发展对资金的吸引能力，用实际利用外资与 GDP 比值来衡量。

6. 共享发展

共享发展是要解决好社会的公平正义问题，是高质量发展的最终落脚点。经济发展就是为了提高人民群众的生活质量，满足广大人民群众的需求，只有让人民切实享受到经济发展带来的好处，才是真正意义上的高质量。共享发展要解决好民生问题，如生活水平、教育、就业、医疗、社会保障等，充分调动广大人民群众的积极性与创造性为经济、社会发展注入活力。本书主要从生活水平、教育水平、医疗水平、就业保障、社会保障与基础设施建设六个方面进行评价。生活水平最直接体现为居民的收入与消费状况，选择居民储蓄存款余额、城乡居民可支配收入比和城乡居民人均消费支出比三个指标。教育水平与医疗水平各选取两个指标，分别是教育支出占 GDP 比重与受教育人口数/人口总数、每万人医疗卫生机构数与每万人医疗卫生机构床位数；就业状况与社会保障分别选择城镇登记失业率、民生支出（包括一般公共服务支出、教育支出、医疗卫生与计划生育、社会保障和就业四个项目）占一般公共预算支出比重进行衡量；对基础设施的评价选择人均公路里程数、互联网户数增长率两个指标。

贵州省经济高质量发展评价指标体系汇总如表 3.5 所示。

表 3.5　贵州省经济高质量发展评价指标体系

目标层	系统层	一级指标	二级指标	属性
经济高质量发展评价体系	四轮驱动	新型工业化	工业化率（%）	正
			工业固体污染投资总额/GDP（%）	正
		新型城镇化	城市建成区绿化覆盖率（%）	正
			城镇化率（%）	正
		农业现代化	土地生产效率	正
			单位耕地面积机械化动力（千瓦/公顷）	正
			地理标志产品（个）	正
		旅游产业化	旅游总收入占 GDP 比重（%）	正
			接待游客人数（万人次）	正

续表

目标层	系统层	一级指标	二级指标	属性
经济高质量发展评价体系	创新发展	创新投入	R&D 占 GDP 比重（%）	正
			R&D 人员占城镇就业人员比重（%）	正
			地方科学技术支在地方公共财政支出占比（%）	正
	创新发展	创新产出	专利授权数（件）	正
	协调发展	产业协调	第二、第三产业增加值占 GDP 比重（%）	正
		城乡协调	城乡可支配收入差距（元）	负
			城乡消费水平差距（元）	负
		区域协调	各州市人均 GDP/全省人均 GDP（%）	正
	绿色发展	环境污染	废水排放量/GDP（%）	负
			二氧化硫排放量/GDP（%）	负
			道路交通噪声（分贝）	负
			城市环境区域噪声（分贝）	负
		环境治理	一般工业固体废物综合利用率（%）	正
		绿化建设	森林覆盖率（%）	正
			AQI 优良天数比（%）	正
			人均公园绿化面积	正
	开放发展	对外贸易	进出口总额/GDP（%）	正
		外商投资	实际利用外资/GDP（%）	正
	共享发展	生活水平	城乡居民人可支配收入比	负
			城乡居民人均消费支出比	负
			居民储蓄存款余额（亿元）	正
		教育水平	教育支出/GDP（%）	正
			受教育人口总数/各州市人口总数（%）	正
		医疗水平	每万人拥有医疗卫生机构数（个/万人）	正
			每万人拥有医疗卫生机构床位数（个/万人）	正
		就业水平	城镇登记失业率（%）	负
			就业人口占常住人口比重（%）	正
		社会保障	民生支出占政府一般公共预算支出比重（%）	正
		基础设施	每万人拥有公路里程数（千米）	正
			互联网户数增长率（%）	正

二、贵州经济高质量发展水平评价

（一）数据来源及测度方法

1. 数据来源

根据贵州省经济高质量发展评价指标体系，选取贵州省及下辖九大州市 2011～2019 年相关数据进行测度分析。各指标数据来源于 2012～2020 年《贵州统计年鉴》、各市州级 2012～2020 年《国民经济与社会发展统计公报》及其政府官网或统计局官网等。

2. 测度方法

由于所构建的指标体系中既有正向性指标，也有逆向性指标，且指标之间的量纲也存在差异。因此，首先进行测度时需要先将逆向指标正向化，然后再对所有指标进行标准化处理以消除量纲的影响，最后采用熵权法计算各项指标得分。熵权法是一种客观赋权法，是借鉴信息熵的思想，通过计算指标的信息熵，根据指标的相对变化程度对系统整体的影响来决定指标的权重，相对变化较大的指标具有较大的权重。计算过程如下：

（1）数据标准化。

假设给定 K 个指标 $X_1, X_2, \cdots, X_k$，其中 $X_i = \{x_1, x_2, \cdots, x_k\}$。假设对各指标数据进行标准化后的值为 $Y_1, Y_2, \cdots, Y_k$，那么 $Y_{ij} = \frac{X_{ij} - \min(X_i)}{\max(X_i) - \min(X_i)}$。

（2）计算各指标的信息熵。

根据信息论中信息熵的定义，一组数据的信息熵为 $E_j = -\ln(n)^{-1}\sum_{i=1}^{n} p_{ij}\ln p_{ij}$。其中 $p_{ij} = Y_{ij}/\sum_{i=1}^{n} Y_{ij}$，如果 $p_{ij} = 0$，则定义 $\lim_{p_{ij}\to 0} p_{ij}\ln p_{ij} = 0$。

（3）确定各指标权重。

根据信息熵的计算公式，计算出各指标的信息熵为 $E_1, E_2, \cdots, E_k$。通过信息熵计算得出各指标权重：$W_i = \dfrac{1 - E_i}{k - \sum E_i}(i = 1,2,\cdots,k)$。利用熵权法分别计算各目标层下相关指标在该维度中所占权重，然后计算出每一个指标的平均得分，最后用平均得分乘以对应权重即计算出各维度项得分。

（二）贵州省下辖市州经济发展质量水平及特征

1. 各州市经济高质量发展综合评价

从图 3.8 可以看出，①2011～2019 年九大市州经济高质量发展水平整体呈上升态势，多数市州在新时代（2013 年）前后呈现两阶段变化，如贵阳、遵义、六盘水与黔东南，新时代以前的经济高质量发展水平有所提升；进入新时代以后先出现短暂回落，而后才开始稳步提升。其可能的原因是各市州经济发展在由“量”向“质”转变过程中进行调整所致。②作为省会城市的贵阳，经济高质量发展水平一直稳居第一位，从 2011 年的 0.56 上升至 2019 年的 0.71，且每一年的得分均在 0.55 以上，与其他每年得分均在 0.3 及以下的八大市州呈现“断层式”差距。③在其他八市州中，六盘水、遵义、安顺三市的发展水平一直居于前三位，黔西南、黔南与毕节在新时代以前排在末三位，但经过新时代以来七年的发展，黔西南与黔南州后发赶超，分别从 2011 年的 0.12 和 0.16 上升至 2019 年的 0.23 和 0.25，已处于贵州省内中等水平。其主要原因在于自 2016 年以后，黔西南与黔南两州绿色发展水平快速增长，带动其高质量发展水平的提高。而铜仁、黔东南与毕节由于后期增长势头不足，在 2019 年排在末三位。

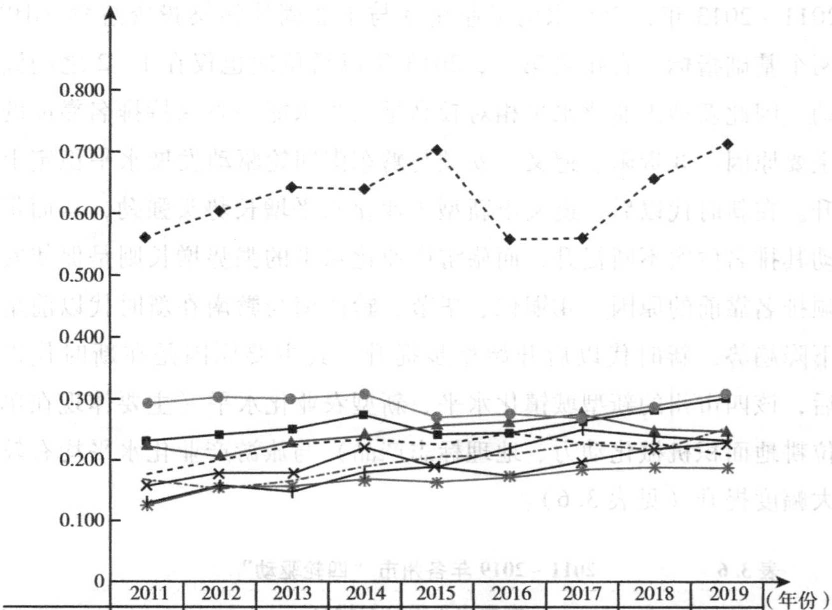

	2011	2012	2013	2014	2015	2016	2017	2018	2019
贵阳	0.559	0.601	0.641	0.639	0.702	0.557	0.560	0.656	0.714
遵义	0.230	0.242	0.252	0.274	0.238	0.243	0.267	0.284	0.303
安顺	0.223	0.204	0.229	0.241	0.261	0.265	0.275	0.250	0.250
铜仁	0.157	0.175	0.177	0.220	0.186	0.172	0.194	0.216	0.227
毕节	0.126	0.152	0.154	0.165	0.162	0.171	0.187	0.189	0.185
六盘水	0.293	0.302	0.300	0.308	0.368	0.374	0.268	0.286	0.306
黔西南	0.128	0.155	0.145	0.177	0.190	0.219	0.251	0.240	0.231
黔东南	0.175	0.200	0.226	0.234	0.223	0.242	0.227	0.226	0.206
黔南州	0.166	0.150	0.162	0.187	0.206	0.205	0.224	0.217	0.252

图 3.8　2011～2019 年贵州省九市州经济高质量发展水平

2. 各州市不同维度发展水平测度与分析

（1）四轮驱动。

从各市州“四轮驱动”发展水平可以看出：①除六盘水外，其他八个市州的四轮驱动发展水平呈上升态势，表明加快推进“四轮驱动”对于促进贵州省各市州经济高质量发展具有重要作用。②虽然六盘水四轮驱动发展水平有所下降，但是除 2014 年与 2019 年外的其余年份排名依然靠前。从具体指标来看，旅游产业化水平不高是导致其在该维度发展水平不高的根本原因，无论是旅游总收入占 GDP 比重，还是接待游客人数一直排在九州市中的最末位。但

2011~2013年，六盘水的工业化率与工业固体污染投资总额/GDP两个基础指标一直排名第一，2013年以后位次也仅在1、2之间波动，因此新型工业化水平相对较高是六盘水能一直保持排名靠前的主要原因。③贵阳、遵义、安顺与黔东南四轮驱动发展水平稳定上升。在新时代以后，遵义市新型工业化水平增长势头强劲，从而带动其排名位次不断提升，而旅游产业化水平的强势增长则是促使安顺排名靠前的原因。④铜仁、毕节、黔西南与黔南在新时代以前呈下降趋势，新时代以后开始稳步提升。其主要原因是在新时代以后，该四市州的新型城镇化水平、新型农业化水平（主要体现在单位耕地面积机械化动力、地理标志产品）与旅游产业化水平均有较大幅度提升（见表3.6）。

表3.6　2011~2019年各州市“四轮驱动”发展水平得分与排名

年份		贵阳	遵义	安顺	铜仁	毕节	六盘水	黔西南	黔东南	黔南
2011	得分	0.352	0.256	0.217	0.200	0.288	0.553	0.194	0.209	0.386
	排名	3	5	6	8	4	1	9	7	2
2012	得分	0.377	0.280	0.228	0.238	0.231	0.380	0.154	0.233	0.295
	排名	2	4	8	5	7	1	9	6	3
2013	得分	0.375	0.291	0.277	0.231	0.245	0.365	0.171	0.255	0.302
	排名	1	4	5	8	7	2	9	6	3
2014	得分	0.365	0.329	0.328	0.229	0.171	0.280	0.156	0.282	0.296
	排名	1	2	3	7	8	6	9	5	4
2015	得分	0.368	0.336	0.332	0.275	0.226	0.367	0.217	0.345	0.335
	排名	1	4	6	7	8	2	9	3	5
2016	得分	0.407	0.382	0.379	0.303	0.279	0.373	0.232	0.307	0.329
	排名	1	2	3	7	8	4	9	6	5
2017	得分	0.450	0.439	0.399	0.337	0.276	0.396	0.247	0.335	0.380
	排名	1	2	3	6	8	4	9	7	5

续表

年份		贵阳	遵义	安顺	铜仁	毕节	六盘水	黔西南	黔东南	黔南
2018	得分	0.485	0.479	0.402	0.376	0.319	0.420	0.302	0.383	0.409
	排名	1	2	5	7	8	3	9	6	4
2019	得分	0.511	0.539	0.418	0.303	0.315	0.405	0.328	0.421	0.416
	排名	2	1	4	9	8	6	7	3	5

（2）创新发展。

从创新发展维度来看：①九市州创新发展水平整体呈上升趋势，且多数市州均有较大幅度的提高，说明随着新时代的到来与新发展理念的提出，“创新是引领发展的第一动力”理念一直是贵州省及下辖各市州迈向高质量发展的首要原则。②贵阳市一直居于首位，创新发展水平从2011年的0.25上升至2019年的0.84，与其他八市州呈现出较大差距。其主要原因是贵阳市在创新投入中的“R&D经费支出占GDP比重”与创新产出（即授权专利数）两个指标均高于其他八市州。③2015年以前，遵义与安顺占据第2或第3的位次，2015年以后由于六盘水与黔西南州加大创新投入，“R&D经费支出占GDP比重”与“R&D人员占城镇就业人员比重”均以较快速度提升，从而带动创新发展水平得分与排名有较大幅度提升，两者均从2011年的0.011分别提升至2019年的0.193与0.248，排名也超过遵义与安顺分别提升至第4位与第2位。④铜仁、毕节、黔东南与黔南创新发展水平一直以来稳步提升，但排名起伏不大，仅黔东南与黔南两个州在2019年排名出现较大波动。黔东南落后的原因是在于创新投入中的“R&D经费支出占GDP比重”与“R&D人员占城镇就业人员比重”两个指标均排在末位；黔南则是由于“R&D人员占城镇就业人员比重”与“授权专利数”均位于前三位，从而带动其排名上升（见表3.7）。

表 3.7　2011～2019 年各市州创新发展水平得分与排名

年份		贵阳	遵义	安顺	铜仁	毕节	六盘水	黔西南	黔东南	黔南
2011	得分	0.252	0.096	0.110	0.009	0.017	0.011	0.011	0.026	0.030
	排名	1	2	3	8	6	7	7	5	4
2012	得分	0.297	0.116	0.113	0.012	0.021	0.013	0.016	0.035	0.031
	排名	1	2	3	9	6	8	7	4	5
2013	得分	0.346	0.119	0.203	0.020	0.024	0.026	0.033	0.055	0.047
	排名	1	3	2	9	8	7	6	4	5
2014	得分	0.354	0.169	0.169	0.051	0.025	0.020	0.026	0.105	0.082
	排名	1	2	2	5	7	8	6	3	4
2015	得分	0.614	0.150	0.168	0.068	0.027	0.095	0.032	0.092	0.083
	排名	1	3	2	7	9	4	8	5	6
2016	得分	0.420	0.146	0.086	0.077	0.037	0.121	0.107	0.146	0.096
	排名	1	2	6	7	8	3	4	2	5
2017	得分	0.498	0.170	0.092	0.098	0.063	0.093	0.182	0.160	0.122
	排名	1	3	8	6	9	7	2	4	5
2018	得分	0.727	0.184	0.126	0.110	0.106	0.170	0.193	0.212	0.138
	排名	1	4	7	8	9	5	3	2	6
2019	得分	0.842	0.180	0.189	0.162	0.132	0.198	0.243	0.179	0.231
	排名	1	6	5	8	9	4	2	7	3

（3）协调发展。

表 3.8 呈现了贵州省各市州协调发展水平得分情况，可以看出：①九市州协调发展水平均出现了下降趋势，说明从追求经济增长速度到重质量的发展中，各产业结构、城乡之间与区域之间的协调也在适应中调整。②贵阳市的协调发展水平虽然有所下降，从 2011 年的 0.96 下降至 2019 年的 0.88，但得益于其产业协调水平与区域协调水平一直都处于第一名的较高水平，协调发展水平也一直稳居于第一位。③排在第二位与第三位的分别是六盘水与遵义，其中六盘水下降幅度稍大，从 2011 年的 0.59 下降至 2019 年的 0.44，而遵义呈现的是波动下降趋势，从 2011 年的 0.44 下降至 2015 年的最低值 0.35 以

后又开始逐年上升，在2019年为0.42。④安顺、铜仁、黔西南与黔南的协调发展水平相差不大，排名也起伏不大；毕节与黔东南协调发展水平最低且下降幅度最大，分别从2011年的0.15与0.16下降至2019年的0.08与0.07，主要是由于该两市州的创新投入力度均低于其他七市州。

表3.8　2011～2019年各市州协调发展水平得分与排名

年份		贵阳	遵义	安顺	铜仁	毕节	六盘水	黔西南	黔东南	黔南
2011	得分	0.962	0.438	0.213	0.195	0.155	0.588	0.245	0.156	0.255
	排名	1	3	6	7	9	2	5	8	4
2012	得分	0.935	0.407	0.211	0.188	0.125	0.560	0.240	0.157	0.245
	排名	1	3	6	7	9	2	5	8	4
2013	得分	0.951	0.419	0.220	0.183	0.149	0.546	0.237	0.168	0.258
	排名	1	3	6	7	9	2	5	8	4
2014	得分	0.955	0.390	0.390	0.169	0.137	0.524	0.236	0.161	0.261
	排名	1	3	3	6	8	2	5	7	4
2015	得分	0.929	0.347	0.215	0.160	0.113	0.497	0.227	0.139	0.231
	排名	1	3	6	7	9	2	5	8	4
2016	得分	0.886	0.355	0.203	0.142	0.112	0.471	0.230	0.143	0.225
	排名	1	3	6	7	9	2	4	8	5
2017	得分	0.854	0.367	0.198	0.133	0.106	0.452	0.236	0.095	0.219
	排名	1	3	6	7	8	2	4	9	5
2018	得分	0.896	0.394	0.203	0.156	0.098	0.451	0.128	0.099	0.138
	排名	1	3	4	5	9	2	7	8	6
2019	得分	0.879	0.415	0.140	0.142	0.081	0.443	0.143	0.068	0.175
	排名	1	3	7	6	8	2	5	9	4

（4）绿色发展。

从绿色发展维度可以看出：①各市州绿色发展水平整体呈上升趋势，说明贵州经济发展从“量”转变为“质”的过程中，越来越重视可持续发展。②部分市州，如贵阳、遵义与六盘水，绿色发展水平在新时代以前呈上升趋势，但2013～2017年开始下降，最后在2018

年与2019年大幅提升。其可能的原因是经济发展在“转型”过程中进行调整存在的适应期。③在新时代以前，遵义、安顺与黔东南绿色发展一直处于较高水平，进入新时代以后，黔西南与黔南开始后发赶超，与安顺共同占据前三位的位置。这是由于安顺、黔西南与黔南三市州在环境治理方面比其他市州发展得更快，另外，黔西南与黔南得天独厚的地理优势促使其在绿化建设方面（主要体现在森林覆盖率与AQI优良天数比两个指标）也比其他市州表现得更好。④进入新时代以后，铜仁与毕节的绿色发展水平一直处于居中的位置，而贵阳与六盘水则处于垫底位置（见表3.9）。

表3.9　2011～2019年各市州绿色发展水平得分与排名

年份		贵阳	遵义	安顺	铜仁	毕节	六盘水	黔西南	黔东南	黔南
2011	得分	0.417	0.654	0.601	0.481	0.314	0.312	0.399	0.574	0.414
	排名	5	1	2	4	8	9	7	3	6
2012	得分	0.469	0.694	0.470	0.455	0.474	0.352	0.441	0.573	0.333
	排名	5	1	4	6	3	8	7	2	9
2013	得分	0.530	0.735	0.482	0.411	0.476	0.375	0.299	0.419	0.316
	排名	2	1	3	6	4	7	9	5	8
2014	得分	0.417	0.705	0.704	0.621	0.451	0.370	0.450	0.464	0.380
	排名	7	1	2	3	5	9	6	4	8
2015	得分	0.390	0.556	0.729	0.518	0.514	0.368	0.498	0.504	0.528
	排名	8	2	1	4	5	9	7	6	3
2016	得分	0.355	0.515	0.845	0.462	0.567	0.345	0.637	0.578	0.549
	排名	8	6	1	7	4	9	2	3	5
2017	得分	0.345	0.610	0.821	0.473	0.609	0.323	0.688	0.378	0.618
	排名	8	4	1	6	5	9	2	7	3
2018	得分	0.456	0.643	0.784	0.566	0.666	0.440	0.713	0.470	0.733
	排名	8	5	1	6	4	9	3	7	2
2019	得分	0.497	0.697	0.747	0.652	0.601	0.429	0.755	0.419	0.743
	排名	7	4	2	5	6	8	1	9	3

（5）开放发展。

从各市州开放发展水平得分及排名可以看出：①除贵阳市外的其他八个市州开放发展水平得分较低。其主要原因在于八市州的对外贸易与外商投资均与贵阳市存在较大差距。②贵阳、铜仁、六盘水、黔东南与黔南的开放发展水平在新时代以前均稳步上升，但进入新时代以后呈先上升后下降的趋势，且波动幅度较大。从基础指标可以看出，该五市州“进出口总额/GDP”在新时代以前均稳定上升，但进入新时代以后，会在其中某一年度出现较大幅度的下降，且其余年份的波动趋势也并不稳定，从而导致五市州开放发展水平在新时代以后呈现较大波动。③贵阳市的开放发展水平虽一直位列第一，但波动下降趋势明显，从2011年的0.726上升到2015年的0.908，在2019年得分仅为0.612，主要受贵阳市自2016年以来对外贸易总量相较于以前年度出现急剧下降所致。④遵义与黔西南整体呈波动上升趋势，但遵义的排名一直仅在末两位变动，而黔西南排名呈现出较大波动。导致两市州出现此特征的原因在于外资利用状况不佳，遵义市“实际利用外资/GDP”指标一直都是九州市中最低，而黔西南在该指标上有一个较大波动（见表3.10）。

表3.10　2011～2019年各市州开放发展水平得分与排名

年份		贵阳	遵义	安顺	铜仁	毕节	六盘水	黔西南	黔东南	黔南
2011	得分	0.726	0.008	0.215	0.125	0.082	0.301	0.002	0.097	0.048
	排名	1	8	2	3	6	4	9	5	7
2012	得分	0.832	0.007	0.190	0.184	0.151	0.390	0.102	0.229	0.045
	排名	1	9	4	5	6	2	7	3	8
2013	得分	0.867	0.012	0.141	0.204	0.097	0.359	0.094	0.354	0.061
	排名	1	9	5	4	6	2	7	3	8
2014	得分	0.893	0.013	0.013	0.257	0.184	0.451	0.147	0.283	0.097
	排名	1	8	8	4	5	2	6	3	7

续表

年份		贵阳	遵义	安顺	铜仁	毕节	六盘水	黔西南	黔东南	黔南
2015	得分	0.908	0.027	0.185	0.122	0.135	0.200	0.162	0.230	0.109
	排名	1	9	4	7	6	3	5	2	8
2016	得分	0.531	0.030	0.230	0.077	0.113	0.223	0.134	0.220	0.081
	排名	1	9	2	8	6	3	5	4	7
2017	得分	0.467	0.016	0.257	0.137	0.130	0.234	0.150	0.269	0.086
	排名	1	9	3	6	7	4	5	2	8
2018	得分	0.512	0.002	0.105	0.120	0.034	0.157	0.172	0.094	0.063
	排名	1	9	5	4	8	3	2	6	7
2019	得分	0.612	0.018	0.057	0.058	0.039	0.232	0.017	0.069	0.055
	排名	1	8	5	4	7	2	9	3	6

（6）共享发展。

从共享发展水平来看：①新时代以前，九市州共享发展水平稳步上升，但上升幅度较小，新时代以后虽有所波动，但上升幅度较大。从其基础指标来看，主要是由于各市州居民的生活水平、教育水平、医疗水平与就业水平均有大幅提升。这说明随着新发展理念的提出，贵州的经济发展已越来越接近“满足人民美好生活需要”这一目标。②贵阳市始终列第一名，从2011年的0.44上升到2019年的0.673，遵义与黔东南的排名虽然在某一年份会有较大波动，但基本稳定在第2或第3的位次。③六盘水在进入新时代以前一直稳定在第四名，进入新时代以后几乎在末三位波动，而铜仁后来居上占据第四位，甚至在2019年冲进前三。这主要是由于铜仁市在新时代以后加大在教育与医疗方面的投资力度，从具体指标来看，教育支出、受教育人口数/州市总人口数与每万人医疗卫生机构数都大幅提升，增长速度也快于其他多数州市，从而带动其共享发展水平的提升。④安顺、毕节、黔西南与黔南的排名波动较为频繁，但在得分上差距不大（见表3.11）。

表 3.11 2011～2019 年各市州共享发展水平得分与排名

年份		贵阳	遵义	安顺	铜仁	毕节	六盘水	黔西南	黔东南	黔南
2011	得分	0.449	0.190	0.166	0.151	0.118	0.177	0.131	0.302	0.162
	排名	1	3	5	7	9	4	8	2	6
2012	得分	0.485	0.251	0.163	0.190	0.142	0.200	0.155	0.215	0.184
	排名	1	2	7	5	9	4	8	3	6
2013	得分	0.564	0.255	0.215	0.204	0.203	0.234	0.165	0.258	0.206
	排名	1	3	5	7	8	4	9	2	6
2014	得分	0.583	0.379	0.378	0.237	0.215	0.228	0.219	0.305	0.215
	排名	1	2	3	5	8	6	7	4	8
2015	得分	0.587	0.299	0.230	0.255	0.231	0.214	0.227	0.302	0.241
	排名	1	3	7	4	6	9	8	2	5
2016	得分	0.598	0.334	0.237	0.267	0.251	0.227	0.225	0.321	0.255
	排名	1	2	7	4	6	8	9	3	5
2017	得分	0.621	0.362	0.269	0.276	0.271	0.247	0.238	0.316	0.265
	排名	1	2	6	4	5	8	9	3	7
2018	得分	0.656	0.401	0.309	0.321	0.315	0.272	0.212	0.414	0.242
	排名	1	3	6	4	5	7	9	2	8
2019	得分	0.673	0.413	0.392	0.415	0.305	0.268	0.246	0.438	0.266
	排名	1	4	5	3	6	7	9	2	8

（三）贵州省省域经济高质量发展水平及特征

考虑省域水平代表了各市州经济发展状况的平均水平，因此将贵州省各市州经济高质量发展及六个不同维度发展水平取平均值，得到贵州省经济高质量发展与不同维度的得分。

图 3.9 是通过各市州经济高质量发展水平取平均值得到的贵州省经济高质量发展水平得分情况，可以看出 2011～2019 年贵州经济高质量发展水平整体呈上升态势，从 0.228 上升到 0.297。但由于经济

发展在由“量”向“质”转变过程中的调整，在 2015 年与 2016 年两年间出现小幅回落，2016 年后开始稳步提升。

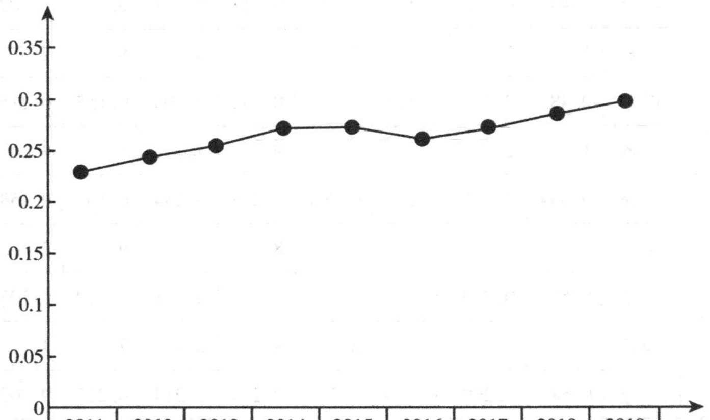

	2011	2012	2013	2014	2015	2016	2017	2018	2019
高质量发展	0.228	0.242	0.254	0.271	0.270	0.260	0.272	0.285	0.297

图 3.9　2011～2019 年贵州省经济高质量发展水平

图 3.10 是根据各市州不同维度发展水平取平均值得到的贵州省各维度发展水平得分情况，可以看出：①贵州省创新、绿色、共享与“四轮驱动”发展水平整体呈上升趋势。②绿色发展水平高于其他五个维度，且新时代以后上升幅度较大，从 0.449 上升至 0.616，说明绿色发展是推动贵州经济高质量发展的主要原因。③创新发展水平在 2017 年以前一直都居最低，在 2011 年得分仅有 0.062，但由于一直以来的稳步提升，2019 年得分为 0.262，超过开放发展水平。这说明加大科技创新投入、提升创新发展水平对于推动贵州经济高质量发展具有重要作用。④“四轮驱动”发展水平在 2014 年以前逐年下降，2014 年后开始不断上升，在 2015 年以后成为拉动贵州经济高质量发展的第二大支柱。⑤协调与开放发展水平整体呈下降趋势。其中开放发展水平在 2014 年以前呈上升趋势，但 2014 年以后出现大幅下降，从 0.279 下降到 0.128，主要原因在于贵州省九大市州在新时代以后对外贸易与外资利用状况均不佳。

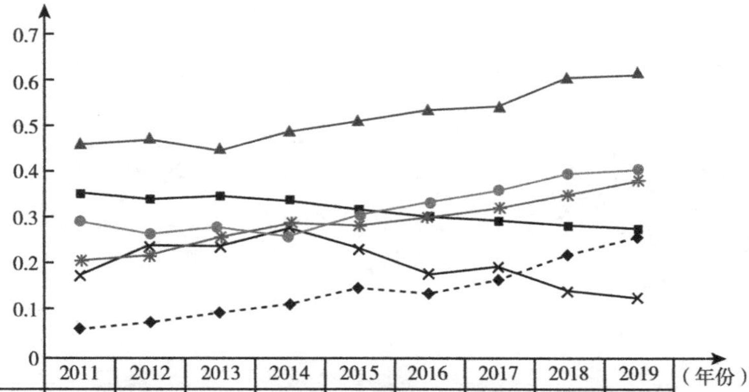

	2011	2012	2013	2014	2015	2016	2017	2018	2019
创新	0.06232	0.07254	0.09689	0.11460	0.14758	0.13728	0.16416	0.21844	0.26171
协调	0.35642	0.34098	0.34783	0.33897	0.31760	0.30755	0.29552	0.28478	0.27638
绿色	0.46280	0.47332	0.44916	0.49175	0.51179	0.53910	0.54088	0.60773	0.61572
开放	0.17816	0.23684	0.24324	0.27883	0.23090	0.18198	0.19410	0.13985	0.12842
共享	0.20505	0.22063	0.25591	0.28771	0.28739	0.30153	0.31819	0.34909	0.37967
四轮驱动	0.29499	0.26835	0.27919	0.25873	0.31131	0.33226	0.36200	0.39708	0.40606

图 3.10　2011～2019 年贵州省不同维度发展水平

新时代经济高质量发展的金融协同路径研究
Chapter 4

第四章 贵州省金融发展状况及特征

第一节 贵州省金融发展状况

一、贵州省金融发展的行业状况

党的十八大以来，贵州经济飞速发展离不开金融的支持，据贵州省金融运行报告显示，2019 年贵州省金融业产值达到了 2011 年的 3.6 倍，金融业总体规模逐渐扩大，社会融资总额与货币信贷规模均实现增长，贵州省大力推进和构建多层次资本市场与多样化保险市场，加快金融基础配套设施的建设，持续改善和发展绿色金融生态环境，是增强金融服务实体经济能力的前提。本节从银行业、证券业和保险业角度着重分析贵州省传统金融行业的发展状况，并使用北京大学数字普惠金融指数评价贵州省创新金融的发展水平。

（一）银行业运行状况

1. 银行业的绝对规模显著增加，增速逐渐放缓

目前，贵州省金融市场的发展非均衡性明显，依旧保持以商业银行为主的间接融资市场。2019 年，金融机构资产总额相较于 2011 年增长幅度高达 268.5%，10 年间，金融相关率年均增长速度达到 2.18%，银行业规模不断扩大，金融深化程度逐步提高。从图 4.1 可知，金融机构本外币各项存、贷款余额显著上升，商业银行经营规模逐步扩大；从增速来看，“十二五”期间，存款余额年均增长率为 21.68%，贷款余额年均增长率为 21.24%，均显著高于全国水平（存款余额年均增长率为 13.62%；贷款余额年均增长率为 14.42%），体现了商业银行在规模上的快速扩张；“十三五”期间，存款余额年均增长率为 8.93%，贷款余额年均增长率为 17.21%，增长速度均低于“十二五”时期，主要是由于贵州省经济从高速发展到高质量发

展转变过程中所带来的经济发展动力不足，党的十八大以来，我国经济强调绿色发展、高质量发展，不能仅追求速度上的赶超，要重视质量上的提升，贵州省积极响应中央政策，落实金融供给侧结构性改革政策，取得了较好的成绩。

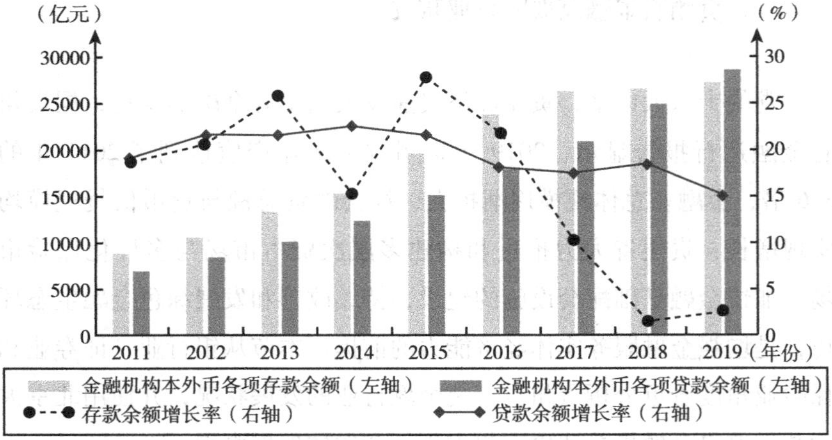

图 4.1　贵州省 2011～2019 年银行业发展的绝对规模

数据来源：《贵州省金融运行报告》（2010～2019 年）。

2. 银行业相对规模逐步扩大

近 10 年来，虽然贵州经济增长速度连续八年位居全国前三，但是其经济总量基础小，金融市场发展不完善，因此，在总量上与其他省份还是存在着较大的差距。2011～2019 年，贵州省金融机构存款余额占全国比重呈先上升后下降的倒“U”形趋势，在 2017 年达到了峰值 1.6%，其主要原因是 2016 年以来，受经济下行压力加大的同时，省政府发布了商业银行要合理管控其表外融资业务、规范地方政府债务等政策，避免由于表外资产的扩张而引起的金融波动，因而企业的存款余额、财政性存款余额均有所下降，导致存款相对规模下滑。在贷款方面，金融机构贷款余额占全国的比重呈现逐渐上升的平稳趋势，但是其所占比例过小，10 年间未超过 2%，进一步说明省内在消费、投资方面还有很大的发展空间。总体来看，存款余额占全国比重一直高于贷款余额占全国比重，说明与其他省份相比，贵州省在资金配置方面能力相对较低，商业银行吸收的存款尚未得到高效的运用（见图4.2）。

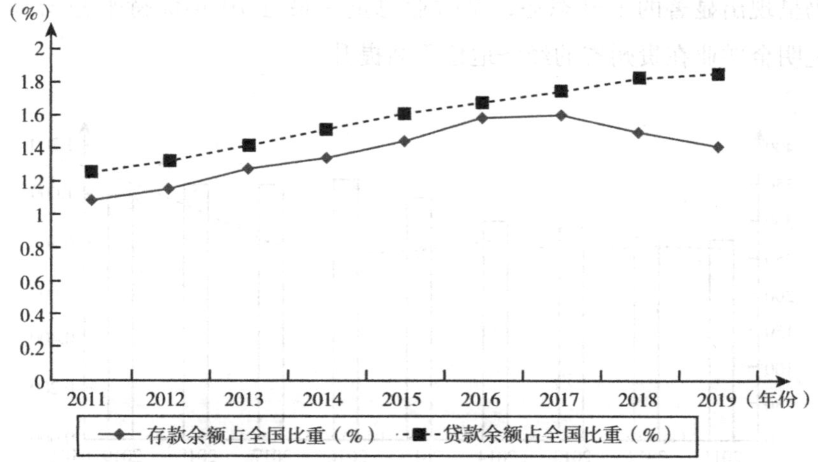

图4.2　贵州省2011~2019年银行业发展的绝对规模

数据来源：《贵州省金融运行报告》《中国区域金融运行报告》（2011~2019年）。

3. 银行业运行效率逐渐提升，资源配置能力增强

图4.3以贵州省近10年来金融机构的存贷比例及存、贷款余额之和与GDP的比值反映银行业的运行效率。可以看出，2011~2016年，商业银行的存贷比率趋于稳定，保持在0.8左右水平上，虽然商业银行存、贷款余额规模不断上升，但是存贷比例并未发生太大变动，说明商业银行存在部分资金闲置，资源配置效果不佳。2016年之后，存贷比例开始上升，贷款余额的增长速度高于存款余额的增长，一方面体现商业银行加快产品和服务的创新，扩大其贷款业务的范围，贵州省社会建设资金缺口得到一定程度的缓解，商业银行开始在调度和分配金融资源方面发挥其重要的引导作用，将闲置资金运用于经济社会建设中；另一方面，“黄金十年”的快速发展拉动了人们的消费与企业的投资。“十三五”期间，贵州省在脱贫攻坚工作方面取得了全国瞩目的成就，其中离不开金融的大力支持，截至2019年，

全省精准扶贫贷款余额 4355 亿元①，体现金融对脱贫攻坚工作的重要支撑。图 4.3 显示，贵州省的存、贷款余额之和与全省生产总值的比值在 2016 年到达峰值 353.4%，之后出现小幅度下降，但整体上仍呈现出显著的上升态势，金融业总量在最近 10 年保持平稳增长，说明金融业在贵州省的经济地位不断提升。

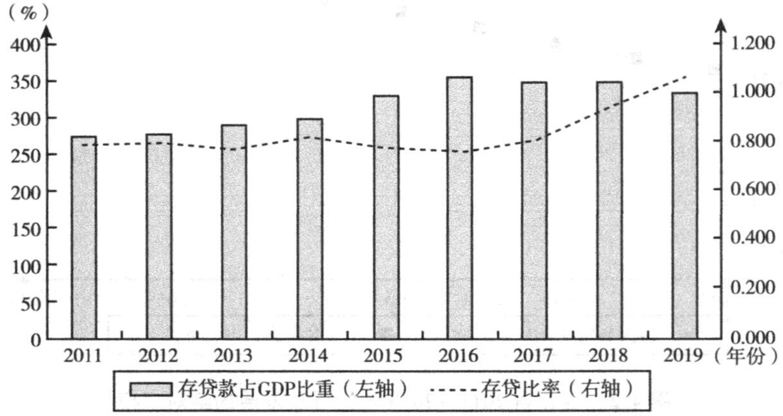

图 4.3　贵州省 2011～2019 年银行业发展的效率

数据来源：《贵州省金融运行报告》《中国区域金融运行报告》（2011～2019 年）。

（二）证券业运行状况

1. 证券业绝对规模发展缓慢，市场融资功能逐步显现

贵州省证券市场起步晚，近几年来其股票市场、债券市场发展成效开始显现，包括新三板市场、期货市场、区域性股权市场、资产证券化等新兴市场的规模均逐步壮大。2019 年，辖内上市公司 29 家，九年间增加了 9 家上市公司，增长速度较为缓慢，其中 2015 年上市公司数量减少了 1 家，为正常的退市，但上市公司总市值相较于 2011 年扩大了 192 倍。2016 年，直接融资规模创历史新高，贵州省

① 数据来源：《2019 年贵州省金融运行报告》。

政府积极引导国有银行、大型政策性融资担保机构全面发挥社会融资的作用，为企业融资拓宽了融资渠道，资本市场融资功能逐渐发挥重要作用（见图4.4）。

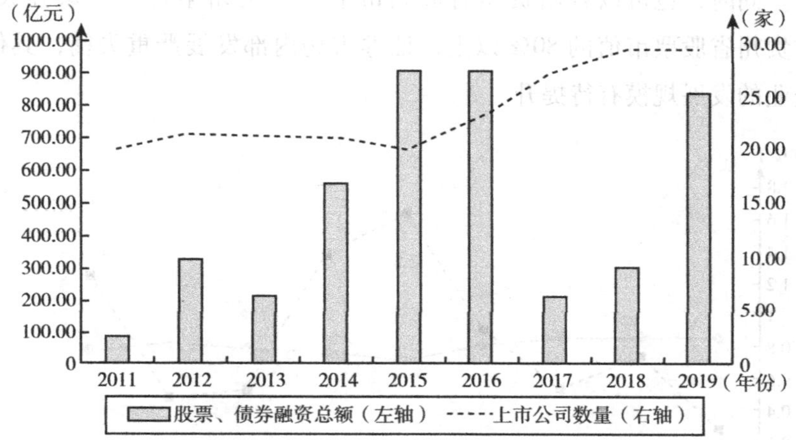

图4.4　贵州省2011～2019年证券业发展的绝对规模

数据来源：《贵州省金融运行报告》《中国区域金融运行报告》（2011～2019年）。

2. 证券业相对规模稳定，发展亟待提高

从图4.5可以看出，与全国规模相比，贵州省上市公司数量占全国的比重相对平稳，没有太大的波动，说明其增长速度与全国发展水平相当。但是其相对规模过小，占全国的比重仅维持在0.8%左右的较低水平上，说明贵州省证券市场有亟待发展的空间，进入新时期，政府应该制定相关支持政策，加大加快对创新创业的扶持，让具有发展潜力的公司得以尽快上市，进一步扩大证券市场的规模。从直接融资市场规模来看，贵州省规模占全国比重存在较大的波动，最高达到1.6%，但总体来说比重过低，直接融资市场有待进一步的拓展。

3. 证券业运行效率显著提升，内部发展不均衡

股票市值占国民生产总值的比重可以很好地反映贵州省证券市场的运行效率，从图4.6可以看出，贵州省股票市值占GDP的比重逐步上升，在2013年和2018年有所下降，主要是由于最大上市公司——贵

州茅台的股价变动引起，2011~2019年年均增长率达到56.81%，显著高于全国股票市值年均增长率12.31%，体现出贵州省近10年来证券市场发展的较大成效，也说明贵州省证券市场仍具较大的发展潜力。同时，也可以看出贵州省股票市值中“贵州茅台”一家独大，占贵州省股票市值的80%以上，证券市场内部发展严重失衡，其他企业的发展规模有待提升。

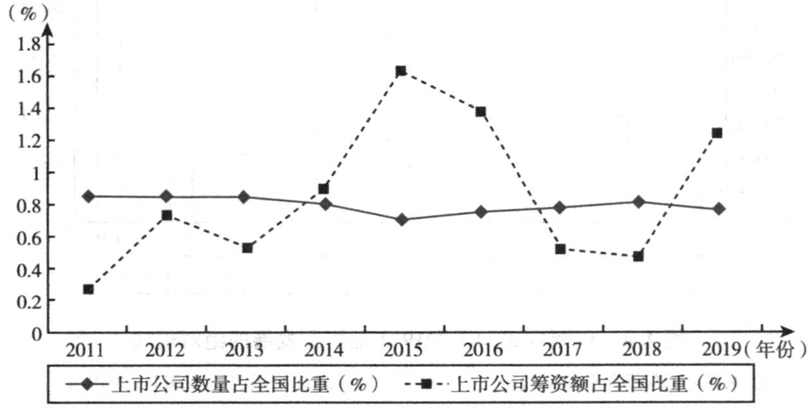

图4.5 贵州省2011~2019年证券业发展的相对规模

数据来源：《贵州省金融运行报告》《中国区域金融运行报告》（2011~2019年）。

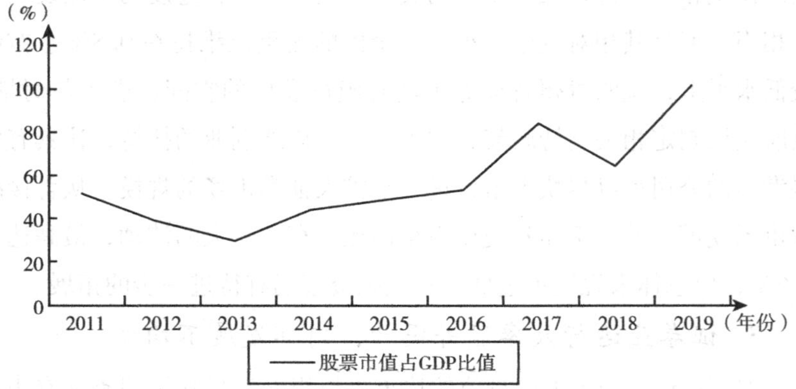

图4.6 贵州省2011~2019年证券业发展的行业效率

数据来源：《贵州省金融运行报告》《中国区域金融运行报告》（2011~2019年）。

（三）保险业运行状况

1. 保险业绝对规模不断扩大，保险覆盖率逐步加深

2011～2019年，贵州省保险业实现较快发展，保险机构保费收入连续九年实现正增长，人身保费收入、财产保费收入规模均显著扩大，保险机构积极创新和开发保险产品，通过一系列保险优惠政策，对农村地区和偏远山区采取降低保费、提高保险比例和取消封顶线等方式实现保险业对贫困人口的倾斜支付，加大保险覆盖的区域和居民范围。截至2019年，全省积极开办保险扶贫项目，承担风险保障2259亿元①，相较于2011年的承担风险保障1.8亿元扩张了1255倍，保障覆盖范围明显扩大，风险承担能力显著增强，保险市场不断深化，保险助力精准扶贫工作成效显著，保险业逐渐发挥出在社会发展中的社会作用。从图4.7发现，2011～2015年，财产收入增长速度大于人身保费收入，人们对财产的投保份额大于人身投保份额，2016～2019年，人身保费收入扩张速度高于财产保费收入增长速度，

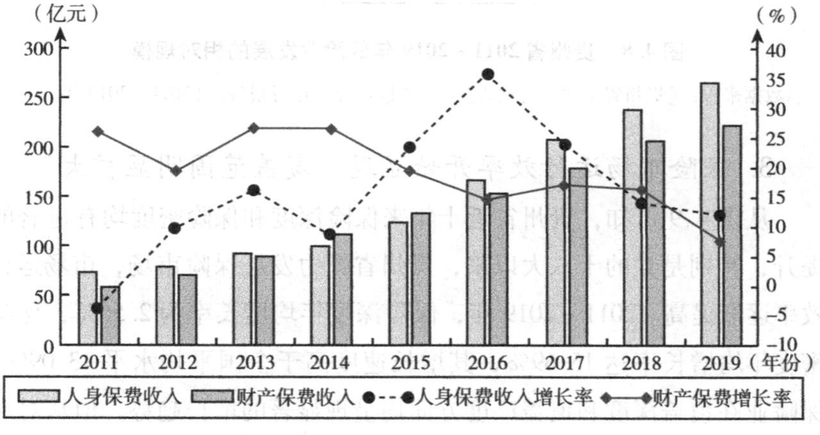

图4.7　贵州省2011～2019年保险业发展的绝对规模

数据来源：《贵州省金融运行报告》《中国区域金融运行报告》（2011～2019年）。

① 数据来源：《2019年贵州省金融运行报告》。

表明人们的生活水平逐步提高，有条件和有能力参保，同时对于自身保障的重视在提高。

2. 保险业相对规模小，发展空间大

从全国角度看，贵州省保费收入占全国比重稳步上升，2016 年略有下降，但总体上升趋势明显，保费收入额占全国最高比重为 1.17%，说明与全国保险市场相比，贵州省保险市场的相对规模较小，未来具有很大的发展空间（见图 4.8）。

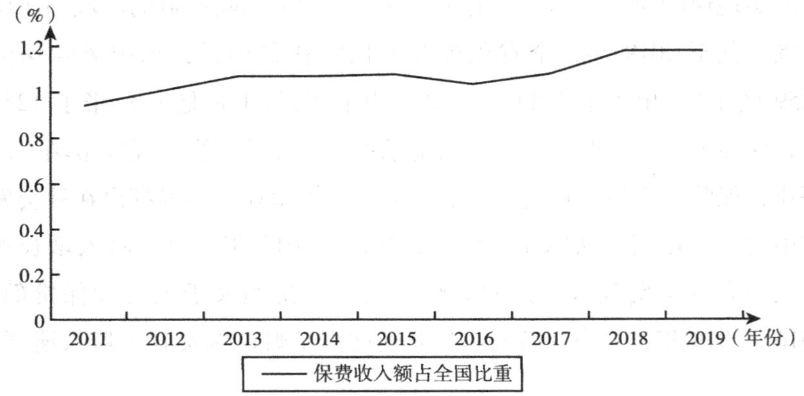

图 4.8　贵州省 2011～2019 年保险业发展的相对规模

数据来源：《贵州省金融运行报告》《中国区域金融运行报告》（2011～2019 年）。

3. 保险市场运行效率开始显现，覆盖范围明显扩大

从图 4.9 可知，贵州省近十年来保险深度和保险密度均有显著的提升，特别是党的十八大以来，贵州省大力发展保险市场，市场运行效率逐渐提高。2011～2019 年，保险深度年均增长率为 2.56%，保险密度年均增长率达 15.69%，其增长速度高于全国平均水平 13.09%，保险业在覆盖深度和覆盖广度方面均呈现显著的增长趋势。但从对经济发展的贡献情况来看，2018 年，保费占省内生产总值比率达到最大值 3.01%，低于全国平均水平 4.1%，同年，保险密度达到了峰值 1239 元/人，仅实现全国平均水平 2562 元/人的一半，整体来说，贵州省保险业的综合实力、服务能力和抵御风险的能力均有待增强。

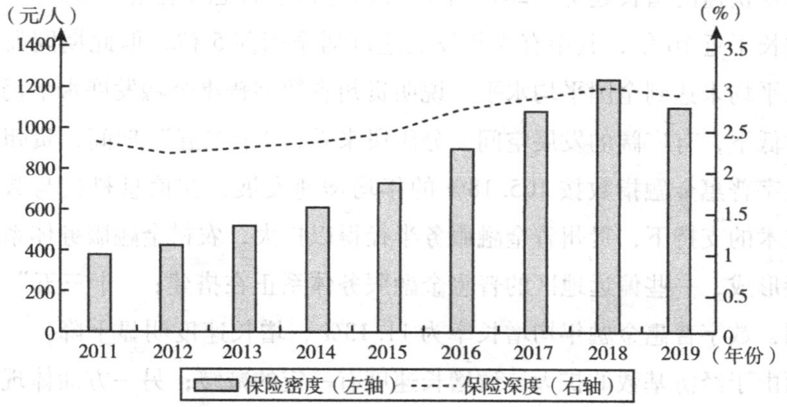

图 4.9 贵州省 2011～2019 年保险业发展的效率

数据来源：《贵州省金融运行报告》《中国区域金融运行报告》（2011～2019 年）。

二、贵州省数字普惠金融发展状况

数字普惠金融是从普惠金融的概念衍生而来的，将数字化技术运用于金融服务领域，使那些无法享受到正规金融服务的农村居民和低收入群体成为金融服务的获得者，真正实现了普惠金融的“普”与“惠”。因此，数字普惠金融有效地反映了一个地区在数字化技术的推广下，突破传统金融领域的科技金融发展水平，因而使用北京大学互联网金融研究中心联合蚂蚁金服集团共同测度并发布的“北京大学数字普惠金融指数”在一定程度上可以评价贵州省 2011～2019 年科技金融发展或数字普惠金融的发展水平。该指数测度了我国 31 个省区市、337 个地级以上城市，以及近 2800 个县域的数字普惠金融发展水平，目前在国内具有较高的权威性和可信赖性。

（一）贵州省省域数字普惠金融发展状况

1. 贵州省数字普惠金融指数分析

从图 4.10 可以看出，2011～2019 年，贵州省数字普惠金融发展呈现快速的增长趋势，2019 年，贵州省数字普惠金融指数较九年前增长了近 16 倍，其中有 4 年发展速度居全国前 5 位，但此期间发展水平均未达到全国平均水平，说明贵州省数字普惠金融发展水平仍相对低下，有广阔的发展空间。分阶段来看，“十二五”期间，贵州省数字普惠金融指数按 105.18% 的年均增速发展，在信息科技与数字技术的支持下，贵州省金融服务半径得以扩大，农村金融服务体系逐渐形成，一些偏远地区的普惠金融服务体系正在搭建；“十三五”期间，数字普惠金融年均增长率为 11.13%，增长速度明显下降，一方面由于经济基数的扩大导致增长速度有一定的减缓；另一方面体现了贵州省金融业积极响应国家号召，金融供给侧结构性改革推动金融逐步向高质量发展转型。新时期经济的发展需要新动能，现实障碍的存在促使贵州急需寻找新的发展动能，提高数字普惠金融发展水平，为金融实现全面、均衡的发展提供充足动力。

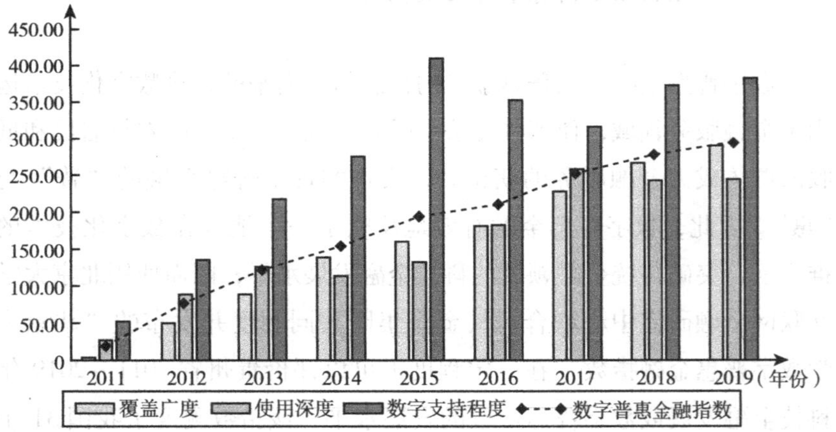

图 4.10　贵州省 2011～2019 年数字普惠金融发展水平

数据来源：北京大学数字普惠金融指数。

2. 贵州省数字普惠金融维度分析

“北京大学数字普惠金融指数”设计了涵盖三个一级维度的评价体系：覆盖广度、使用深度及数字支持服务程度。第一，覆盖广度主要衡量了一个地区互联网金融账户覆盖率的水平，体现消费者不受区域限制也可以享受金融服务的程度，即普惠金融的“普”；第二，使用深度用于衡量一个地区数字普惠金融在各领域提供的服务种类，包括各种消费、保险、投资业务，反映一个地区居民享受到互联网金融的惠利程度，即普惠金融的“惠”；第三，数字服务支持程度主要考察一个地区数字技术降低金融服务门槛的程度，包括金融服务的便捷度、低成本和信用化等。从图 4.10 可知，贵州省数字普惠金融在覆盖广度指标方面连续九年实现正增长，2011 年贵州省数字普惠金融的覆盖程度偏低，仅为 3.06，2019 年覆盖广度指标是 2011 年的 95.64 倍，其扩张速度位居全国第二，贵州省数字普惠金融在使用规模上明显扩增，惠普金融逐步向贫困地区和偏远地区触及，普及成效显著。在使用深度方面，增长趋势波动较大，但总体上升趋势明显，贵州省城乡居民和小微企业享受普惠金融服务的惠利性程度提高，2013 年和 2017 年分别出现了两个峰值，主要是因为该指标的衡量与消费者的消费、投资行为有关，受宏观经济影响较大，2014 年以后在金融监管逐渐加强的背景下，2014 年和 2018 年数字普惠金融在使用深度规模上出现了一定程度的下降。在数字支持服务程度方面，2011 ~2015 年发展速度加快，5 年间增长幅度高达 674.77%，2015 ~2019 年呈现先下降后上升的“U”形趋势，经历数字产业发展的瓶颈期后恢复正向增长。贵州省数字化支持服务程度不仅是数字普惠金融指数得分最高的指标，其在全国范围内也位居前列，2011 ~ 2019 年共有 6 年其水平均高于全国平均水平，且 2016 年数字服务支持程度位居全国第三，得益于贵州省独特的大数据产业优势，贵州大数据产业 2019 年的总收入达到 1500 亿元[①]，产业发展指数在全国位列第三，数字经济的增速连续 5 年排名全国第一，因此，在数字支持服务方面，贵州省具有其独特的数据支持优势。

---

① 数据来源：《国家大数据（贵州）综合试验区发展报告 2019》。

（二）贵州省下辖市州数字普惠金融发展状况

1. 贵州省下辖市州数字普惠金融指数分析

图 4.11 描绘了贵州省各下辖市州 2011～2019 年数字普惠金融发展水平，9 个市州总体上普惠金融发展水平显著提高，但区域间发展的不平衡、不充分特征明显，9 个市州 2011 年数字普惠金融发展水平均值为 36.37，仅有贵阳市处于平均值之上，至 2019 年各市州平均发展水平为 233.57，贵阳市、遵义市和黔南州处于平均水平之上，其余六个市州位于平均值附近，区域之间差距在逐渐缩小。贵阳市数字普惠金融连续 9 年位居省内第一，其水平遥遥领先其他市州，作为贵州的省会城市，贵阳市具有明显优于其他市州的金融基础设施水平和金融服务环境，包括金融城的建立、中国国际大数据产业博览会的召开等；遵义市发展排名第二，安顺市紧跟其后，毕节市得分最低。在 9 个下辖市州中，六盘水的数字普惠金融指数发展速度最快，其年均增长率为 45.13%，贵阳市的发展速度最慢，年均增速为 20.52%，

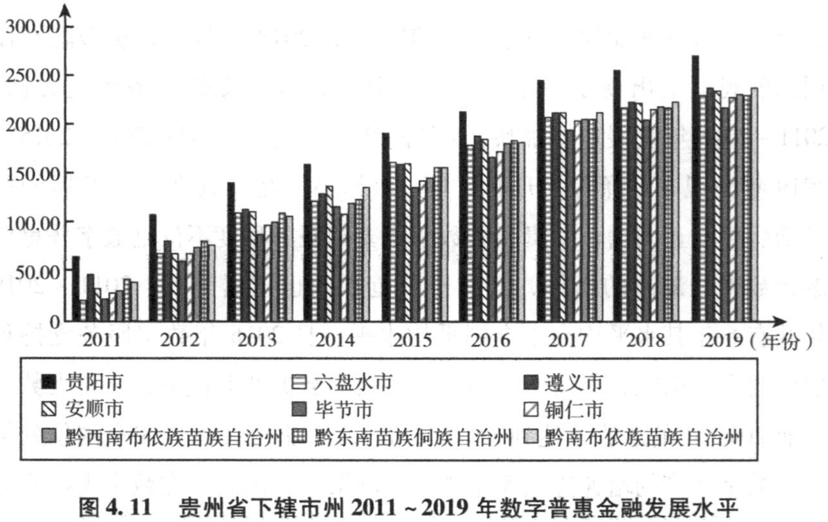

图 4.11　贵州省下辖市州 2011～2019 年数字普惠金融发展水平

数据来源：北京大学数字普惠金融指数。

注：2019 年市州数普惠金融指数是项目组根据贵州省省级数字普惠金融指数 2019 年增长率计算而得。

这也充分体现了贵州省各下辖市州的数字普惠金融的发展水平差异逐渐减小，区域间正努力实现充分发展、平衡发展。

2. 贵州省下辖市州数字普惠金融维度分析

从数字普惠金融细分的三个维度看，各市州在覆盖广度上的发展趋势与总指数一致，上升趋势明显。从图 4.12 可知，贵阳市在覆盖广度上遥遥领先，毕节市连续九年处于最低水平，区域间发展水平差异程度大，贵阳市数字普惠金融覆盖广度 2011 年时是毕节市的 41 倍，2019 年缩减到 1.4 倍，虽然区域间的发展水平逐渐趋同，但是其他市州的覆盖广度水平与贵阳市之间仍存在较大的差距，贵州省普惠金融服务在一定程度上尚未深度触及偏远的地区和特需的人群，仍有部分金融需求尚未得到满足。

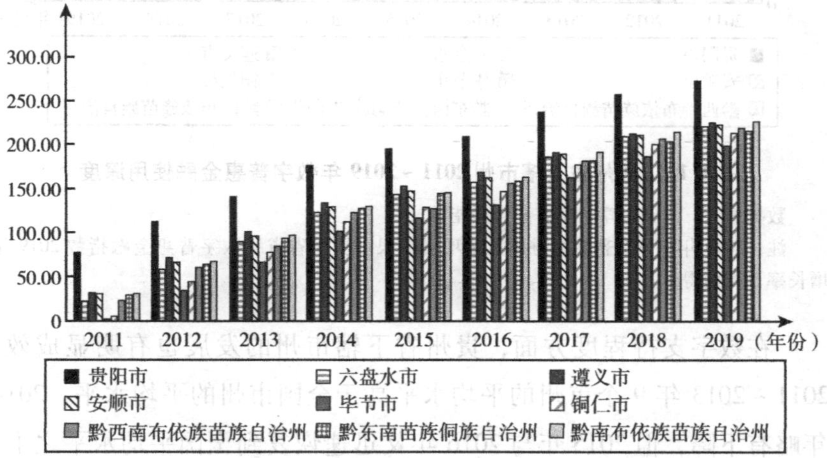

图 4.12 贵州省下辖市州 2011～2019 年数字普惠金融覆盖广度

数据来源：北京大学数字普惠金融指数。

注：2019 年市州数普惠金融指数是项目组根据贵州省省级数字普惠金融指数 2019 年增长率计算而得。

在使用深度方面，2011～2019 年贵州省 9 个下辖市州数字普惠金融使用深度逐年加深，但增长趋势存在波动，2014 年有 7 个市州的使用深度水平出现小幅度下降，2018 年所有市州均出现了下降趋势，说明各市州均受到金融监管加强等不同程度的影响。具体来看，各市州之间差距较为明显，贵阳市以其独特的优势随着时间的推移发展水平逐渐显著高于其他市州，而其他8个市州在发展中逐渐趋同，其差异性逐年减弱。

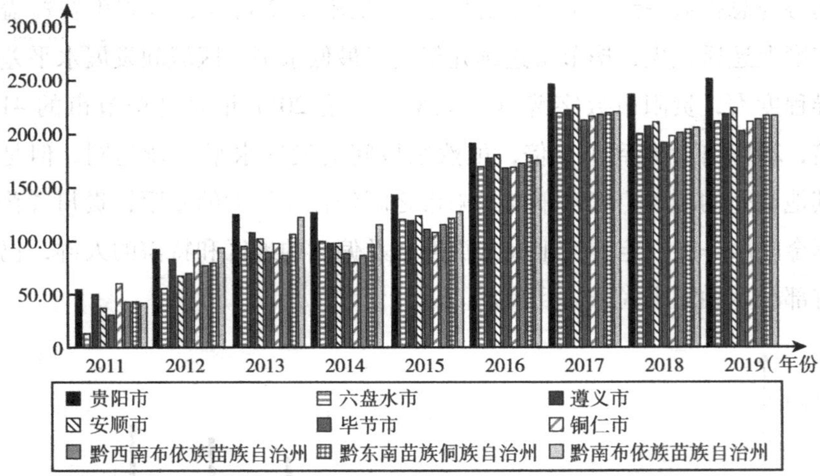

图4.13　贵州省下辖市州2011～2019年数字普惠金融使用深度

数据来源：北京大学数字普惠金融指数。

注：2019年市州数普惠金融指数是项目组根据贵州省省级数字普惠金融指数2019年增长率计算而得。

在数字支持程度方面，贵州省下辖市州的发展也有明显成效，2011～2013年9个市州的平均水平高于全国市州的平均水平，2014年略有下降，但2015年与2016年又迅速恢复到全国平均水平之上。从图4.14发现，2011～2015年，各市州的数字支持程度上升趋势明显，期间有小幅度下降的主要是2014年的六盘水、铜仁、黔西南州、黔东南州，此间六盘水市的数字支持程度两年位居省内第一，得益于其高端电子信息制造业的快速发展，提高了信息化建设水平，促进了数字产业发展。2016～2019年各市州发展水平基本持平，区域间差异化程度较小，实现了地区间的平衡、充分发展，发展速度均有所减缓。

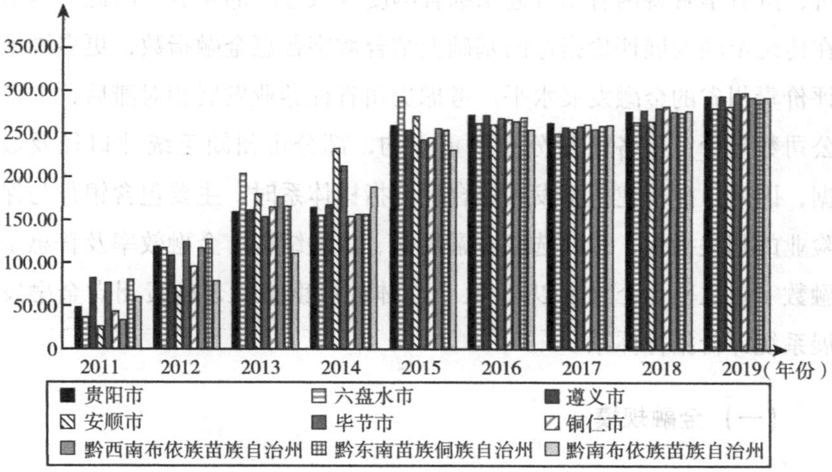

图 4.14 贵州省下辖市州 2011～2019 年数字普惠金融数字支持程度

数据来源：北京大学数字普惠金融指数。

注：2019 年市州数普惠金融指数是项目组根据贵州省省级数字普惠金融指数 2019 年增长率计算而得。

第二节 贵州省金融发展水平评价

一、金融发展系统评价指标体系构建

为进一步探讨贵州省及下辖市州金融与经济高质量发展的协同路径，考察贵州省省域及下辖市州金融发展的实际水平，构建综合的金融发展系统评价指标体系，测度贵州省及下辖市州在近 10 年的金融发展水平，分析发展特征及存在问题。

随着互联网技术的发展与大数据的运用，金融业强调提升金融服务融合化、集聚化和数字化。因此，对区域金融发展水平的评价仅利用单一的、传统的指标难以形成全面综合的评价效果。以往研究常将传统金融的发展水平和创新金融的发展水平当成两个独立的系统来评价，鲜有学者将两者结合起来综合测度区域金融的发展。因此，本书在传统金融发展评价指标的基础上结合数字普惠金融指数，更多维地评价贵州省的金融发展水平。考虑贵州省证券业发展相对滞后，上市公司数量少，且各市州分布严重不均，部分市州缺乏统计口径及数据，因此，在构建金融发展综合评价指标体系时，主要包含银行与保险业的相关指标，最终选取金融规模、金融结构、金融效率及普惠金融数字化水平4个维度以及10个具体的测度指标建构贵州省金融发展系统评价指标体系。

（一）金融规模

金融规模在一定程度上可以反映区域金融支持区域经济发展的能力。由于贵州金融发展存在着明显的商业银行主导性特征，选取金融机构人民币存款余额、金融机构人民币贷款余额和居民储蓄存款余额三个指标来衡量各市州金融发展的规模。金融机构人民币存款余额主要反映商业银行吸纳资金的能力，是一个地区经济发展的资金蓄水池，吸收的存款越多，说明商业银行为地区发展能提供的保障越大；金融机构人民币贷款余额反映商业银行资金运用的状况、为区域经济建设具体能提供多大的资金规模；居民储蓄存款余额是形成社会投资的资金来源，反映出商业银行的流动性规模，居民储蓄存款余额越高，银行融资成本就越低，扩大了银行的存款规模，促进了银行的发展。

（二）金融结构

从不同角度划分金融结构可以得到不同层面的指标。现有研究主要以金融业内部的行业结构、金融市场的种类结构和直接融资与间接融资结构等进行划分。我国是一个高储蓄率国家，但近年来伴随经济增速放缓和资本市场的逐步完善，居民储蓄偏好发生了改变，人们不再局限于将资金存放于商业银行，在投资产品多样化的今天，居民开始倾向于将资金投资到具有高回报的金融标的，如房地产、股票、基金、债券等，居民储蓄存款的减少影响商业银行资金来源，也会影响其向企业提供资金的规模。因此，选用居民储蓄存款余额/金融机构人民币各项存款余额指标来衡量各市州银行资金来源渠道的结构变化，在一定程度上体现间接融资市场金融结构变化。

（三）金融效率

金融效率反映金融支持实体经济、配置资金的能力。商业银行通过资源配置功能发挥着金融效率的功能，引导资金流向高效率、高成长的产业；保险公司通过保费的形式集聚闲散资金，形成长期稳定的资金流并投入社会生产的各个环节中，为资本市场提供了资金来源。因而选取金融机构存贷比、保险密度和保险深度来衡量贵州省区域金融效率的发展水平。存贷比计算公式为：金融机构人民币各项贷款余额/存款余额，体现着商业银行的资金运用效率以及将储蓄转化为投资的能力。保险密度反映了一个地区居民参保的程度，是衡量保险服务区域发展的绝对指标；保险深度则体现了一个地区保险业在国民经济中所占的地位，衡量了一个地区保险业对区域发展的贡献，是相对发展水平。保险业的绝对发展水平和相对发展水平可以反映保险业资金的运用效率。

（四）普惠金融数字化水平

贵州虽然经济仍相对落后，但基于大数据发展优势，努力将大数据技术融入金融领域，降低金融服务的成本，实现普惠金融发展的数字化进程加快，成为贵州金融发展的又一特征。其主要目的是将数字化技术运用于金融领域，降低金融服务的成本，扩宽金融服务的范围，将传统金融服务成本过高而无法享受服务的贫困个体和小微企业作为主要服务对象，其衡量的是一个地区传统的金融服务无法触及的金融领域的发展水平。因而普惠金融数字化水平有别于传统的金融发展水平，其可以反映一个地区金融科技的发展程度。本书选取“北京大学数字普惠金融指数”来评价贵州省及下辖市州的普惠金融数字化发展水平，该指数包含的覆盖广度、使用深度与数字支持程度三个维度，分别反映一个区域居民互联网金融的账户覆盖率、互联网金融服务的实际使用情况及数字金融服务的低成本性和便捷性。

贵州省金融发展系统评价指标体系构建如表4.1所示。

表4.1　　贵州省区域金融发展系统评价指标体系

系统层	目标层	指标层	指标说明	指标属性
金融体系	金融规模	金融机构人民币存款余额	金融机构的存款规模	正
		金融机构人民币贷款余额	金融机构的贷款规模	正
		居民储蓄存款余额	居民的存款规模	正
	金融结构	金融储蓄结构	居民储蓄存款/金融机构人民币各项存款余额	负
	金融效率	金融机构存贷比	金融机构人民币各项贷款余额/存款余额	正
		保险密度	保险业的普及程度和发展水平	正
		保险深度	保险业在国民经济中的地位	正
	普惠金融数字化水平	覆盖广度	居民互联网金融账户覆盖率	正
		使用深度	互联网金融服务的实际使用情况	正
		数字支持服务程度	数字金融服务的成本低和快捷性	正

二、金融发展水平评价

（一）评价方法的选取

采用与前面评价贵州省经济高质量发展水平相同的评价方法，用熵权法对贵州省及下辖市州的金融发展水平进行综合测度。

（二）贵州省下辖市州金融发展水平及特征

1. 贵州省下辖市州金融发展水平总体状况及特征

图4.15反映了贵州省9个下辖市州金融发展水平的演变趋势，主要存在以下特征：①9个市州的金融发展水平在2011～2019年未出现大幅度波动，各市州金融发展水平相对稳定，但区域间的差异明显，区域金融发展不平衡不充分特征显著。②贵阳市金融发展水平明显高于其他市州，评分维持在0.92左右，一直稳居第一，这与贵阳市作为省会城市，其金融环境、金融基础设施及金融知识的普及程度

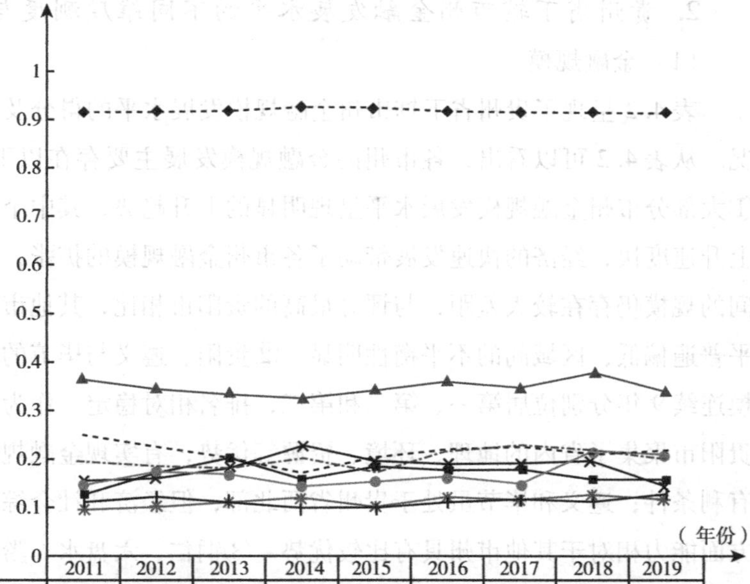

	2011	2012	2013	2014	2015	2016	2017	2018	2019
贵阳市	0.917869	0.916100	0.919919	0.926616	0.925760	0.916758	0.915391	0.916703	0.919455
六盘水市	0.126420	0.166118	0.195418	0.159437	0.189317	0.171216	0.177141	0.156152	0.157119
遵义市	0.364088	0.348329	0.338903	0.323870	0.341652	0.360615	0.347947	0.376599	0.340091
安顺市	0.150461	0.158427	0.178554	0.222077	0.193193	0.186123	0.179944	0.194240	0.136662
毕节市	0.092643	0.100736	0.106599	0.116791	0.101504	0.118508	0.111899	0.124869	0.113508
铜仁市	0.145116	0.166503	0.166228	0.140578	0.149787	0.159585	0.144406	0.209486	0.205405
黔西南州	0.109359	0.118948	0.107065	0.097483	0.096906	0.110874	0.115382	0.108794	0.123887
黔东南州	0.248653	0.225808	0.196284	0.168916	0.195007	0.216062	0.219368	0.206017	0.213762
黔南州	0.193303	0.188865	0.175547	0.198191	0.170251	0.214621	0.225489	0.214829	0.198212

图4.15　2011～2019年贵州省九市州金融发展水平

的优势密切相关。③安顺、六盘水、铜仁和毕节的金融发展处在较低的水平，呈现出先上升后下降的趋势，主要受区域产业结构调整及金融供给侧结构性改革的影响。④遵义、黔西南、黔东南和黔南的金融发展水平主要呈现先下降后上升的趋势，遵义市金融发展水平较高，在0.3~0.4之间波动，其发展水平仅次于贵阳市，得益于区域经济基础的支持，黔西南州、黔东南州和黔南州三个少数民族自治州的金融发展水平处于较低的水平，也存在较多民族地区经济发展滞后的影响，未形成金融与经济的良好互动，在一定程度上限制了金融水平的发展。

2. 贵州省下辖市州金融发展水平的不同维度测度与分析

(1) 金融规模。

表4.2呈现了贵州省下辖市州金融规模发展水平的得分及排名情况。从表4.2可以看出，各市州的金融规模发展主要存在以下特征：①大部分市州金融规模发展水平呈现明显的上升趋势，其中个别市州上升速度快，经济的快速发展带动了各市州金融规模的扩张，但市州间的规模仍存在较大差距，与评分最高的贵阳市相比，其他市州的水平普遍偏低，区域间的不平衡性明显。②贵阳、遵义与毕节的金融规模连续9年分别位居第一、第二和第三，排名相对稳定。作为省会的贵阳市聚集了省内的地理、环境、资源等优势，有实现金融规模增长有利条件；遵义和毕节虽处于贵州省西北部，但经济和社会综合发展方面能力相对于其他市州具有比较优势。③铜仁、六盘水、黔东南和黔南在金融规模发展水平上得分相当，排名波动幅度较大，铜仁、黔东南和黔南金融规模有小幅度上升，与各市州经济发展的总体态势相吻合，六盘水呈现下降的趋势，主要受金融机构存贷余额发展速度趋缓所致。④黔西南和安顺市在金融规模发展上得分偏低，排名居末。其中，黔西南在2013年以前有下降的趋势，进入新时代以后开始逐渐提升；安顺市金融规模发展水平最低，因其金融机构的存贷余额和居民储蓄存款均显著低于其他市州。

表 4.2 2011~2019 年贵州省各市州金融规模发展水平得分与排名

年份		贵阳	六盘水	遵义	安顺	毕节	铜仁	黔西南	黔东南	黔南
2011	得分	1.0000	0.0523	0.2957	0.0001	0.0622	0.0209	0.0099	0.0609	0.0346
	排名	1	5	2	9	3	7	8	4	6
2012	得分	1.0000	0.0541	0.3172	0.0018	0.0674	0.0271	0.0102	0.0652	0.0402
	排名	1	5	2	9	3	7	8	4	6
2013	得分	1.0000	0.0398	0.3264	0.0006	0.0602	0.0261	0.0058	0.0600	0.0432
	排名	1	6	2	9	3	7	8	4	5
2014	得分	1.0000	0.0313	0.3060	0.0001	0.0563	0.0286	0.0099	0.0562	0.0419
	排名	1	6	2	9	3	7	8	4	5
2015	得分	1.0000	0.0280	0.3201	0.0000	0.0688	0.0287	0.0114	0.0583	0.0480
	排名	1	7	2	9	3	6	8	4	5
2016	得分	1.0000	0.0325	0.3477	0.0000	0.0869	0.0300	0.0190	0.0640	0.0676
	排名	1	6	2	9	3	7	8	5	4
2017	得分	1.0000	0.0362	0.3647	0.0000	0.0986	0.0360	0.0281	0.0624	0.0744
	排名	1	6	2	9	3	7	8	5	4
2018	得分	1.0000	0.0319	0.4152	0.0000	0.1136	0.0478	0.0251	0.0717	0.0845
	排名	1	7	2	9	3	6	8	5	4
2019	得分	1.0000	0.0292	0.3788	0.0000	0.1022	0.0446	0.0352	0.0633	0.0711
	排名	1	7	2	9	3	6	8	5	4

注：因为贵阳市与其他市州的金融规模相关指标差距过大，在金融规模评价中以贵阳市作为最高水平，其他市州得分是相对于贵阳市给出，所以贵阳市得分始终为1。

（2）金融结构。

表4.3呈现了贵州省各市州金融结构发展水平得分情况。从表4.3中可以看出：①除贵阳市以外，其余8市州的金融结构存在较大的波动，具有不稳定性特征，区域间发展水平相当，差异正逐渐缩小。②贵阳市金融结构水平得分排名第一，金融化程度相对较高。③遵义、黔西南、六盘水和安顺市的金融结构得分居中，且4市州的金融结构水平相当。其中，遵义市呈现明显的上升趋势，居民储蓄存款占金融机构存款余额逐年递减，居民的投资范围不断拓宽是主要因

素；六盘水、黔西南和安顺市的金融结构水平呈现先下降后上升的趋势，说明在短暂的调整与适应后，金融结构得到完善。④黔南州、毕节市和铜仁市的发展水平较低，区域金融投融资渠道缺乏多元化，黔东南州居民储蓄存款占金融机构存款余额比值连续9年位居最末，主要受其经济发展相对落后、直接融资市场发展缓慢的影响。

表4.3　2011～2019年贵州省各市州金融结构发展水平得分与排名

年份		贵阳	六盘水	遵义	安顺	毕节	铜仁	黔西南	黔东南	黔南
2011	得分	1.0000	0.5959	0.3462	0.5227	0.3460	0.1201	0.5320	0.0000	0.2458
	排名	1	2	5	4	6	8	3	9	7
2012	得分	1.0000	0.5414	0.3064	0.4235	0.2358	0.0482	0.5337	0.0000	0.2017
	排名	1	2	5	4	6	8	3	9	7
2013	得分	1.0000	0.4320	0.3772	0.4227	0.0979	0.0001	0.4282	0.0000	0.1276
	排名	1	2	5	4	7	8	3	9	6
2014	得分	1.0000	0.3898	0.3916	0.3599	0.0879	0.0591	0.4683	0.0000	0.1262
	排名	1	4	3	5	7	8	2	9	6
2015	得分	1.0000	0.2450	0.4280	0.3825	0.1545	0.1503	0.4426	0.0000	0.2927
	排名	1	6	3	4	7	8	2	9	5
2016	得分	1.0000	0.1325	0.4950	0.3940	0.1429	0.2270	0.5040	0.0000	0.1672
	排名	1	8	3	4	7	5	2	9	6
2017	得分	1.0000	0.1904	0.4945	0.3970	0.2915	0.2448	0.5280	0.0000	0.2127
	排名	1	8	3	4	5	6	2	9	7
2018	得分	1.0000	0.2398	0.4451	0.2894	0.1883	0.1439	0.5369	0.0000	0.1986
	排名	1	5	3	4	7	8	2	9	6
2019	得分	1.0000	0.3204	0.5600	0.2948	0.2284	0.1796	0.4250	0.0000	0.2613
	排名	1	4	2	5	7	8	3	9	6

注：因为贵阳市与其他市州的金融结构相关指标差距过大，在金融结构评价中以贵阳市作为最高水平，其他市州得分是相对于贵阳市给出，所以贵阳市得分始终为1。

（3）金融效率。

表4.4反映贵州省各市州金融效率发展水平的得分及排名情况。

从表4.4可以看出：①除贵阳市以外，其他8市州的金融效率发展水平相对稳定，没有大幅度变动，且区域间差异较小，说明各市州资金的配置和运用上的能力相当。②贵阳市金融效率发展水平最高，其保险密度、保险深度和金融机构存贷比三个指标均显著高于其他市州，得益于贵阳市金融环境相对优势，居民的金融服务可得性高于其他市州，因此金融资金的来源范围相对较广，资金的运用形式也相对更多，提高了资金的配置效率。③安顺、遵义、毕节、黔西南和黔南的金融效率呈现先上升后下降的趋势，具有明显的时代特征，进入新时代以后，受发展方式转变、金融监管加强等因素影响，各市州金融效率出现了不同程度的下降；其中安顺市得分相对较高，连续6年位居第二，源于其保险密度和保险深度高于其他市州，黔西南和毕节市的评分较低，主要受保险业发展水平低的影响。④六盘水、铜仁和黔东南州金融效率发展水平呈现波动，主要是受金融机构存贷比变动大的影响。

表4.4　各州市金融效率发展水平得分与排名

年份		贵阳	六盘水	遵义	安顺	毕节	铜仁	黔西南	黔东南	黔南
2011	得分	1.0000	0.3816	0.2614	0.3659	0.0463	0.2110	0.1711	0.2690	0.2043
	排名	1	2	5	3	9	6	8	4	7
2012	得分	1.0000	0.3985	0.2534	0.4467	0.0497	0.2718	0.1640	0.2271	0.2373
	排名	1	3	5	2	9	4	8	7	6
2013	得分	0.9471	0.3803	0.2529	0.3826	0.0873	0.2707	0.1922	0.1999	0.2239
	排名	1	3	5	2	9	4	8	7	6
2014	得分	1.0000	0.3524	0.3123	0.4533	0.1160	0.3422	0.2216	0.2020	0.2234
	排名	1	3	5	2	9	4	7	8	6
2015	得分	1.0000	0.2910	0.3266	0.4305	0.0956	0.3251	0.2009	0.2410	0.2505
	排名	1	5	3	2	9	4	8	7	6
2016	得分	1.0000	0.2680	0.3447	0.4158	0.1105	0.3480	0.1721	0.2780	0.3339
	排名	1	7	4	2	9	3	8	6	5
2017	得分	1.0000	0.2441	0.2887	0.3583	0.0483	0.1794	0.1431	0.3193	0.3103
	排名	1	6	5	2	9	7	8	3	4

续表

年份		贵阳	六盘水	遵义	安顺	毕节	铜仁	黔西南	黔东南	黔南
2018	得分	1.0000	0.2139	0.3061	0.3817	0.0707	0.3840	0.1267	0.2506	0.2461
	排名	1	7	4	3	9	2	8	5	6
2019	得分	1.0000	0.2575	0.2826	0.1771	0.0754	0.3893	0.1428	0.3067	0.2414
	排名	1	5	4	7	9	2	8	3	6

注：因为贵阳市与其他市州的金融效率相关指标差距过大，在金融结构评价中以贵阳市作为最高水平，其他市州得分是相对于贵阳市给出，所以贵阳市得分始终为1。

（4）普惠金融数字化水平。

表4.5呈现了贵州省各市州普惠金融数字化水平的得分及排名。从表4.5可以看出：①以贵阳市作为省内数字普惠金融发展的最高水平，其他8市州的发展水平存在相对波动，总体特征为："十二五"期间的水平普遍较高，"十三五"期间均有所下降，主要原因是贵阳市2015年后大力发展数字信息技术，加快了普惠金融的发展，因而其他市州在发展速度出现相对下降的趋势。②贵阳市普惠金融数字化水平得分最高，因其金融机构数量多，金融网点覆盖面广，且数字技术产业发展领先于其他市州。③遵义市、安顺市、黔东南州和黔南州的普惠金融数字化水平接近，在全省排名居于第二、第三、第四、第五位，其综合得分呈现出你追我赶的波动趋势。④黔西南州、六盘水、铜仁市和毕节市发展水平较低，与其信息技术行业发展相对较弱、普惠金融数字化水平发展速度缓慢相关。

表4.5　　各州市普惠金融数字化发展水平得分与排名

年份		贵阳	六盘水	遵义	安顺	毕节	铜仁	黔西南	黔东南	黔南
2011	得分	1.0000	0.0000	0.5585	0.2477	0.0288	0.1497	0.2087	0.4577	0.4147
	排名	1	9	2	5	8	7	6	3	4
2012	得分	1.0000	0.1678	0.4373	0.1791	0.0000	0.1661	0.3125	0.4245	0.3754
	排名	1	7	2	6	9	8	5	3	4
2013	得分	1.0000	0.4249	0.4747	0.4607	0.0000	0.1993	0.2550	0.4301	0.3738
	排名	1	5	2	3	9	8	7	4	6

续表

年份		贵阳	六盘水	遵义	安顺	毕节	铜仁	黔西南	黔东南	黔南
2014	得分	1.0000	0.2428	0.3930	0.5693	0.1183	0.0000	0.1674	0.2702	0.5251
	排名	1	6	4	2	8	9	7	5	3
2015	得分	1.0000	0.4674	0.4248	0.4539	0.0000	0.1155	0.1606	0.3510	0.3548
	排名	1	2	4	3	9	8	7	6	5
2016	得分	1.0000	0.2766	0.4694	0.3914	0.0000	0.1301	0.2885	0.3701	0.3475
	排名	1	7	2	3	9	8	6	4	5
2017	得分	1.0000	0.2628	0.3407	0.3397	0.0000	0.1854	0.2298	0.2328	0.3507
	排名	1	5	3	4	9	8	7	6	2
2018	得分	1.0000	0.2311	0.3505	0.3167	0.0000	0.1902	0.2519	0.2328	0.3506
	排名	1	7	3	4	9	8	5	6	2
2019	得分	1.0000	0.2311	0.3505	0.3167	0.0000	0.1902	0.2519	0.2328	0.3506
	排名	1	7	3	4	9	8	5	6	2

注：因为贵阳市与其他市州的普惠金融数字化水平相关指标差距过大，在普惠金融数字化评价中以贵阳市作为最高水平，其他市州得分是相对于贵阳市给出，所以贵阳市得分始终为1。

（三）贵州省金融发展水平及特征

1. 贵州省金融发展水平总体情况

将贵州省下辖各市州金融发展水平的平均值视为贵州省的金融发展水平，如图4.16所示，可以看出：①贵州省的金融发展水平总体态势表现为先下降后上升的趋势，新时代以前，金融水平呈下降趋势；进入新时代以后，呈上升趋势。新时代的战略性调整与政策落实，及经济的快速发展为金融运行提供了良好的运行环境。②2019年金融发展水平出现小幅下滑，由0.26下降至0.254，主要受遵义市和安顺市的金融发展水平出现小幅度下降引起。③贵州省金融发展水平整体水平较低，亟待进一步提升。2011～2019年发展水平仅围绕0.255水平线上下波动，以1为标准值，贵州省金融发展水平刚好过1/4水平线。

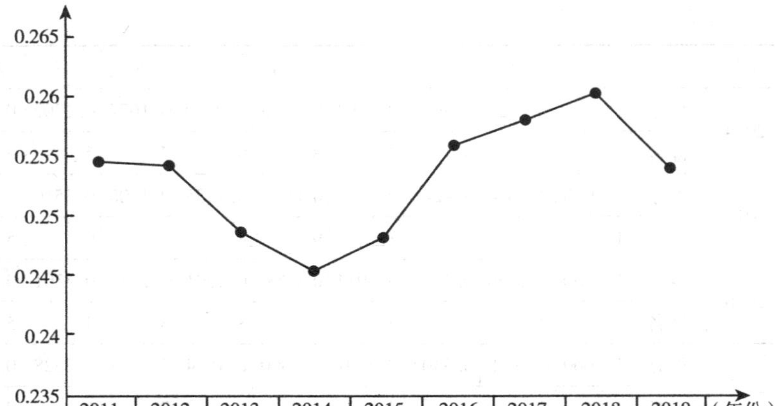

	2011	2012	2013	2014	2015	2016	2017	2018	2019
贵州省	0.25445	0.25403	0.24859	0.24539	0.24801	0.25576	0.25784	0.26007	0.25386

图 4.16　2011～2019 年贵州省金融发展水平

2. 贵州省金融发展维度分析

根据各州市不同维度发展水平的平均值视为贵州省各维度发展水平得分，如图 4.17 所示。

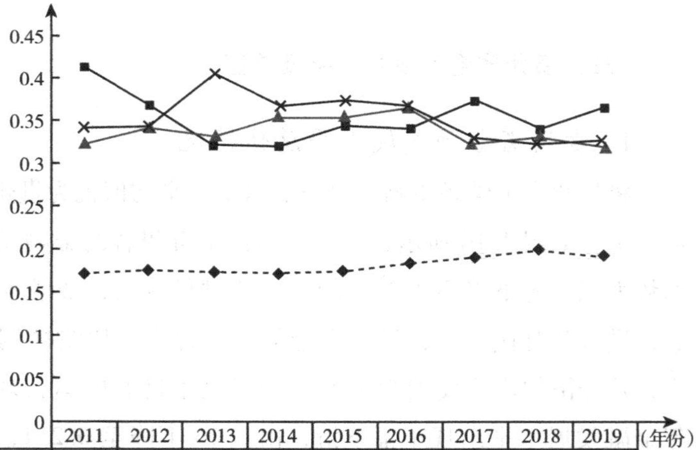

	2011	2012	2013	2014	2015	2016	2017	2018	2019
金融规模	0.17072	0.17591	0.17356	0.17000	0.17370	0.18306	0.18893	0.19887	0.19160
金融结构	0.41207	0.36563	0.32063	0.32031	0.34396	0.34029	0.37320	0.33799	0.36327
金融效率	0.32339	0.33872	0.32633	0.35812	0.35122	0.36344	0.32127	0.33107	0.31920
普惠金融数字化水平	0.34064	0.34030	0.40207	0.36511	0.36976	0.36373	0.32689	0.32485	0.32485

图 4.17　贵州省金融发展不同维度水平

从图 4. 17 可以看出：①贵州省金融规模水平较低，2019 年得分为 0. 191，相较 2011 年，有小幅度的上升趋势。②金融结构呈现先下降后波动的上升趋势，但未能超越 2011 年的最高水平，呈“V”形变动，体现出贵州省金融结构在摸索中不断调整、不断适应经济调整与发展的过程。③金融效率和普惠金融数字化水平相当，整体趋势平缓，且差异随着时间的推进逐渐缩小。贵州省金融效率得分在 0. 337 分上下波动，高于金融规模但低于金融结构，发展水平有待进一步提高。④金融规模的发展与其他三个维度之间的差距较大，存在一定的脱节与滞后的现象。对此，贵州省在促进区域金融发展的同时要注重金融体系内部各维度的相互协调，实现金融体系内部的协调发展，更好地为实体经济提供服务。

第五章 贵州省金融协同经济高质量发展的实证分析

第一节　金融协同经济高质量发展的复合系统构建

一、金融协同经济高质量发展的复合系统构成

金融协同经济高质量发展复合系统是社会经济系统的组成部分，是指金融发展系统和经济高质量发展系统的各组分间，在相互作用、相互影响的过程中，通过分工，竞争与协作所形成的具有一定结构特征、执行一定功能的复合空间地域系统，它包括金融发展和经济高质量发展两个子系统。

二、金融协同经济高质量发展复合系统的运作方式

作为社会经济系统的一部分，金融协同经济高质量发展复合系统是一个开放的、非线性且远离平衡态的复杂巨系统，它具备随机涨落、突变性及涌现性的自组织演化基本特征。在其动态演化过程中，系统内部既存在自我强化与稳定的作用机制也存在不断适应外界信息、资金、物质等变化的行为过程和功能机制，这些机制导致系统内部会出现各种微小的随机涨落，当随机涨落出现在系统结构可能发生突变的临界区域附近时，将会使系统偏离稳定的定态解。进一步地，在可能产生突变的临界点处，由于非线性作用的放大效应致使微小涨落逐渐形成巨涨落，并在正反馈机制的作用下，形成役使其他参量、决定系统演化方向的序参量，最终使系统发生组织结构、功能和运行机制的整体突变，形成新的有序结构并实现新功能的涌现，同时建立起协同演化机制，如图 5.1 所示。此时金融发展系统和经济高质量发展系统之间将出现相互促进的协同效应，一方面，金融发展有利于激

发区域发展、创新潜力及经济活力，提升区域经济的开放水平、协调水平，增强区域生态实力与共享能力；另一方面，区域经济高质量发展反过来又促进金融的结构优化、规模扩张及效率提升，有利于金融资源配置、金融风险管理及金融普惠。反之，若外界信息、资金、物质等变化，未能引起复合系统内部在系统结构突变临界点处，形成巨涨落，即金融协同经济高质量发展复合系统未建立起协同演化机制，那么复合系统内部将不会出现有序结构，此时，金融发展与经济高质量发展之间便不存在相互促进的协同效应。

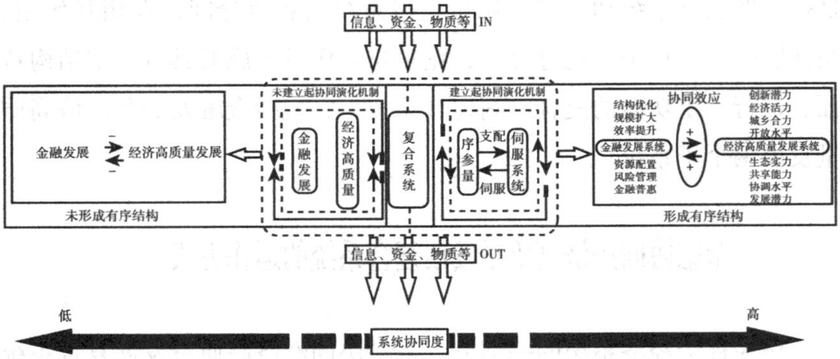

图 5.1　金融协同经济高质量发展的复合系统的运作机理

第二节　贵州省金融协同经济高质量发展复合系统的协同演化规律

一、哈肯模型构建

（一）绝热近似原理

假设系统在 t 时刻的行为效果 q(t) 仅仅取决于该时刻的外力 F(t)，且随着时间衰减，即 $F(t)=a\cdot e^{-\delta\cdot t}$，其中 a 是常数，δ 是阻尼系数，可得运动方程 $\dot{q}(t)=\gamma q+F(t)$ 的解为：

$$q(t)=\frac{a}{\gamma-\delta}(e^{-\delta\cdot t}-e^{-\gamma\cdot t}) \tag{5.1}$$

由于系统对外力相应具有瞬时性，在这一过程中来不及发生能量交换，因此将这一过程称为"绝热"过程。假设系统的行为效果随着时间衰减的速度远远大于外力随时间衰减的速度，则：

$$q(t)=\frac{a}{\gamma}e^{-\delta\cdot t}=\frac{1}{\gamma}F(t) \tag{5.2}$$

$\gamma\gg\delta$ 是使用绝热消去法对快变量进行消除的前提假设，这一原理称为绝热近似原理。

（二）系统演化方程

假设 q_1、q_2 为自组织系统中两子系统的状态变量，其中，q_1 代表驱动自组织系统演化的子系统状态，q_2 代表伺服子系统状态。那么系统的演化方程为：

$$\dot{q}_1=-\gamma_1 q_1-aq_1q_2 \tag{5.3}$$

$$\dot{q}_2=-\gamma_2 q_2+bq_1^2 \tag{5.4}$$

其中，γ_1、γ_2 是阻尼系数，a 和 b 为两个状态变量相互作用的强度系数，$\dot{q}_1$、$\dot{q}_2$ 为状态变量对时间的导函数。当系统达到一个定态解，亦即 $q_1=q_2=0$ 时，若 $|\gamma_2|\gg|\gamma_1|$，且 $\gamma_2>0$，说明 q_2 是系统中迅速衰减的快变量。于是将这一过程称为该运动系统的"绝热近似假设"，在实际运用过程中要求 γ_1、γ_2 至少相差一个数量级。

如果"绝热近似假设"成立，则可令 $\dot{q}_2=0$，由式（5.4）可得：

$$q_2\approx\frac{b}{\gamma_2}q_1^2 \tag{5.5}$$

将式（5.5）代入式（5.3），得到系统的序参量演化方程：

$$\dot{q}_1 = -\gamma_1 q_1 - \frac{ab}{\gamma_2} q_1^3 \tag{5.6}$$

式（5.5）表明 q_1 的变化决定着 q_2 的变化，可知 q_1 是系统的序参量，它主宰着系统的协同演化过程。

（三）势函数

对序参量演化方程的等号右边取相反数后，再进行积分可得到系统的势函数为：

$$V = \frac{1}{2}\gamma_1 q_1^2 + \frac{ab}{4\gamma_2} q_1^4 \tag{5.7}$$

势函数的平衡点由 $\dot{q}_1 = 0$ 来确定，当 $\gamma_1 \times \gamma_2 \times a \times b > 0$ 时，方程存在唯一解 $q_1 = 0$；当 $\gamma_1 \times \gamma_2 \times a \times b < 0$ 时，方程存在 3 个解：$q_1^* = 0$，$q_1^{**} = -\sqrt{\left|\frac{\gamma_1 \gamma_2}{ab}\right|}$，$q_1^{***} = \sqrt{\left|\frac{\gamma_1 \gamma_2}{ab}\right|}$。此时，方程的零解是不稳定点，系统最终回归到两个非零解的平衡点。

根据上述分析，序参量演化方程存在稳定解必须满足两个条件：

条件 1：$|\gamma_2| \gg |\gamma_1|$，且 $\gamma_2 > 0$；

条件 2：$\gamma_1 \times \gamma_2 \times a \times b < 0$。

由于本书选用的数据为年度数据，因此需要将哈肯模型进行离散化为：

$$q_1(t) = (1-\gamma_1)q_1(t-1) - aq_1(t-1)q_2(t-1) \tag{5.8}$$

$$q_2(t) = (1-\gamma_2)q_2(t-1) + bq_1(t-1)q_1(t-1) \tag{5.9}$$

二、贵州省金融协同经济高质量发展复合系统协同水平测度结果分析

分别假设金融发展和经济高质量发展为复合系统协同演化的序参量，运用 Stata15 对离散化的哈肯模型进行回归，回归结果见表 5.1。

表 5.1　　模型回归结果

地域	假设条件	演化方程	控制参量	结论
贵州省	序参量：金融发展	$F(t)=1.201F(t-1)-0.060F(t-1)E(t-1)\cdots(1)$ $E(t)=1.843E(t-1)-0.566F(t-1)F(t-1)\cdots(2)$ $R^21=0.9997$　$R^22=0.9927$	$\gamma_1=-0.201, a=0.060$ $\gamma_2=-0.843, b=-0.566$	方程成立 不符合绝热近似原理 假设不成立
贵州省	序参量：经济高质量发展	$E(t)=1.787E(t-1)-0.360F(t-1)E(t-1)\cdots(1)$ $F(t)=1.060F(t-1)-0.011E(t-1)E(t-1)\cdots(2)$ $R^21=0.9927$　$R^22=0.9998$	$\gamma_1=-0.787, a=0.360$ $\gamma_2=-0.060, b=-0.011$	方程成立 不符合绝热近似原理 假设不成立
贵阳	序参量：金融发展	$F(t)=1.049F(t-1)-0.070F(t-1)E(t-1)\cdots(1)$ $E(t)=-0.236E(t-1)+0.913F(t-1)F(t-1)\cdots(2)$ $R^21=0.9996$　$R^22=0.9967$	$\gamma_1=-0.049, a=0.070$ $\gamma_2=1.236, b=0.913$	方程成立 符合绝热近似原理 假设成立
贵阳	序参量：经济高质量发展	$E(t)=-6.119E(t-1)+7.356F(t-1)E(t-1)\cdots(1)$ $F(t)=1.021F(t-1)-0.042E(t-1)E(t-1)\cdots(2)$ $R^21=0.9961$　$R^22=0.9996$	$\gamma_1=7.119, a=-7.356$ $\gamma_2=-0.021, b=-0.042$	方程成立 不符合绝热近似原理 假设不成立
遵义	序参量：金融发展	$F(t)=0.905F(t-1)+0.0002F(t-1)E(t-1)\cdots(1)$ $E(t)=0.862E(t-1)+0.0023F(t-1)F(t-1)\cdots(2)$ $R^21=0.9984$　$R^22=0.9977$	$\gamma_1=0.095, a=-0.0002$ $\gamma_2=0.138, b=0.0023$	方程成立 符合绝热近似原理 假设成立
遵义	序参量：经济高质量发展	$E(t)=0.851E(t-1)+0.0012F(t-1)E(t-1)\cdots(1)$ $F(t)=0.927F(t-1)+0.0001E(t-1)E(t-1)\cdots(2)$ $R^21=0.9977$　$R^22=0.9987$	$\gamma_1=0.149, a=-0.0012$ $\gamma_2=0.073, b=0.0001$	方程成立 不符合绝热近似原理 假设不成立

续表

地域	假设条件	演化方程	控制参量	结论
安顺	序参量： 金融发展	$F(t)=0.927F(t-1)+0.422F(t-1)E(t-1)\cdots(1)$ $E(t)=0.826E(t-1)+0.484F(t-1)F(t-1)\cdots(2)$ $R^21=0.9977$ $R^22=0.9993$	$\gamma_1=0.073, a=-0.422$ $\gamma_2=0.174, b=0.484$	方程成立 符合绝热近似原理 假设成立
	序参量： 经济高质量发展	$E(t)=1.526E(t-1)-1.589F(t-1)E(t-1)\cdots(1)$ $F(t)=0.858F(t-1)+0.405E(t-1)E(t-1)\cdots(2)$ $R^21=0.9992$ $R^22=0.9977$	$\gamma_1=-0.526, a=1.589$ $\gamma_2=0.142, b=0.405$	方程成立 不符合绝热近似原理 假设不成立
铜仁	序参量： 金融发展	$F(t)=3.277F(t-1)-1.588F(t-1)E(t-1)\cdots(1)$ $E(t)=1.265E(t-1)+0.405F(t-1)F(t-1)\cdots(2)$ $R^21=0.9992$ $R^22=0.9976$	$\gamma_1=-2.277, a=1.588$ $\gamma_2=-0.265, b=0.405$	方程成立 不符合绝热近似原理 假设不成立
	序参量： 经济高质量发展	$E(t)=1.604E(t-1)-4.421F(t-1)E(t-1)\cdots(1)$ $F(t)=2.342F(t-1)-2.222E(t-1)E(t-1)\cdots(2)$ $R^21=0.9974$ $R^22=0.9992$	$\gamma_1=-0.604, a=4.421$ $\gamma_2=-1.342, b=-2.222$	方程成立 不符合绝热近似原理 假设不成立
毕节	序参量： 金融发展	$F(t)=1.406F(t-1)-1.589F(t-1)E(t-1)\cdots(1)$ $E(t)=1.198E(t-1)-4.668F(t-1)F(t-1)\cdots(2)$ $R^21=0.9982$ $R^22=0.9975$	$\gamma_1=-0.406, a=1.589$ $\gamma_2=-0.198, b=-4.668$	方程成立 不符合绝热近似原理 假设不成立
	序参量： 经济高质量发展	$E(t)=1.590E(t-1)-5.930F(t-1)E(t-1)\cdots(1)$ $F(t)=1.149F(t-1)-0.207E(t-1)E(t-1)\cdots(2)$ $R^21=0.9974$ $R^22=0.998$	$\gamma_1=-0.590, a=5.930$ $\gamma_2=-0.149, b=-0.207$	方程成立 不符合绝热近似原理 假设成立

续表

地域	假设条件	演化方程	控制参量	结论
六盘水	序参量：金融发展	$F(t)=2.214F(t-1)-3.726F(t-1)E(t-1)\cdots(1)$ $E(t)=1.015E(t-1)-0.104F(t-1)F(t-1)\cdots(2)$ $R^21=0.9982$ $R^22=0.9975$	$\gamma_1=-1.214, a=3.726$ $\gamma_2=-0.015, b=-0.104$	方程成立 不符合绝热近似原理 假设不成立
六盘水	序参量：经济高质量发展	$E(t)=1.089E(t-1)-0.638F(t-1)E(t-1)\cdots(1)$ $F(t)=0.704F(t-1)+0.452E(t-1)E(t-1)\cdots(2)$ $R^21=0.9974$ $R^22=0.998$	$\gamma_1=-0.089, a=0.638$ $\gamma_2=0.296, b=0.452$	方程成立 符合绝热近似原理 假设成立
黔西南	序参量：金融发展	$F(t)=1.201F(t-1)-0.060F(t-1)E(t-1)\cdots(1)$ $E(t)=1.843E(t-1)-0.566F(t-1)F(t-1)\cdots(2)$ $R^21=0.9997$ $R^22=0.9927$	$\gamma_1=0.028, a=-0.2472$ $\gamma_2=-0.043, b=-0.668$	方程成立 不符合绝热近似原理 假设不成立
黔西南	序参量：经济高质量发展	$E(t)=1.787E(t-1)-0.360F(t-1)E(t-1)\cdots(1)$ $F(t)=1.060F(t-1)-0.011E(t-1)E(t-1)\cdots(2)$ $R^21=0.9927$ $R^22=0.9998$	$\gamma_1=-1.346, a=16.352$ $\gamma_2=0.022, b=0.077$	方程成立 不符合绝热近似原理 假设不成立
黔东南	序参量：金融发展	$F(t)=0.366F(t-1)+1.695F(t-1)E(t-1)\cdots(1)$ $E(t)=1.089E(t-1)-1.448F(t-1)F(t-1)\cdots(2)$ $R^21=0.9996$ $R^22=0.9967$	$\gamma_1=0.634, a=-1.695$ $\gamma_2=-0.089, b=-1.448$	方程成立 不符合绝热近似原理 假设不成立
黔东南	序参量：经济高质量发展	$E(t)=1.374E(t-1)-2.454F(t-1)E(t-1)\cdots(1)$ $F(t)=0.409F(t-1)+0.547E(t-1)E(t-1)\cdots(2)$ $R^21=0.9961$ $R^22=0.9996$	$\gamma_1=-0.374, a=2.454$ $\gamma_2=0.491, b=0.547$	方程成立 不符合绝热近似原理 假设不成立

续表

地域	假设条件	演化方程	控制参量	结论
黔南	序参量：金融发展	$F(t)=2.249F(t-1)-0.717F(t-1)E(t-1)\cdots(1)$ $E(t)=1.040E(t-1)-0.328F(t-1)F(t-1)\cdots(2)$ $R^21=0.9984$　$R^22=0.9977$	$\gamma_1=-1.249$，$a=0.717$ $\gamma_2=-0.040$，$b=-0.328$	方程成立 不符合绝热近似原理 不假设成立
	序参量：经济高质量发展	$E(t)=1.094E(t-1)-0.518F(t-1)E(t-1)\cdots(1)$ $F(t)=0.261F(t-1)+1.091E(t-1)E(t-1)\cdots(2)$ $R^21=0.9977$　$R^22=0.9987$	$\gamma_1=-0.094$, $a=0.518$ $\gamma_2=0.739$, $b=1.091$	方程成立 符合绝热近似原理 假设成立

（一）省域复合系统协同演化规律

如表5.1所示，可以看出贵州省金融协同经济高质量发展复合系统的协同机制尚未形成。

假设金融发展为贵州省金融协同经济高质量发展复合系统的序参量，演化方程的控制参量 $\gamma_1 = -0.201$，$\gamma_2 = -0.843$，$a = 0.060$，$b = -0.566$，此时，$|\gamma_1| < |\gamma_2|$ 且 $\gamma_2 < 0$，不符合绝热近似原理，因此原假设不成立；假设经济高质量发展为贵州省金融协同经济高质量发展复合系统的序参量，演化方程的控制参量 $\gamma_1 = -0.787$，$\gamma_2 = -0.060$，$a = 0.360$，$b = -0.011$，此时，$|\gamma_1| > |\gamma_2|$ 且 $\gamma_2 < 0$，不符合绝热近似原理，故原假设不成立。两假设均不成立表明2011～2019年贵州省域金融协同经济高质量发展复合系统尚未建立协同演化机制，故复合系统尚未形成有序结构。

（二）市州区域复合系统协同演化规律

1. 贵阳市复合系统协同演化规律

根据模型回归结果，可以认为贵阳市金融协同经济高质量发展复合系统的协同机制已经形成，金融发展为主宰贵阳市金融协同经济高质量发展复合系统协同演化的序参量，金融发展对协同水平提升发挥了正向促进作用。

从表5.1可以看到，假设金融发展为贵阳市金融协同经济高质量发展复合系统的序参量，演化方程的控制参量 $\gamma_1 = -0.049$，$\gamma_2 = 1.236$，$a = 0.070$，$b = 0.913$，此时，$|\gamma_1| \ll |\gamma_2|$ 且 $\gamma_2 > 0$，符合绝热近似原理，故原假设成立；假设经济高质量发展为复合系统的序参量，演化方程的控制参量 $\gamma_1 = 7.119$，$\gamma_2 = -0.021$，$a = -7.355$，$b = -0.043$，此时，$|\gamma_1| > |\gamma_2|$ 且 $\gamma_2 < 0$，不符合绝热近似原理，故原假设不成立。因此，金融发展为主宰贵阳市金融协同经济高质量发展复合系统协同演化的序参量，控制变量的数值反映复合系统协同

演化规律，其中，$\gamma_1=-0.049<0$，表明金融发展已经建立起使复合系统有序演化的正反馈机制；$\gamma_2=1.236>0$，表明经济高质量发展已建立起使系统有序度增强的负反馈机制；$a=0.070>0$，表明经济高质量发展对金融发展起到抑制作用；$b=-0.043<0$，表明金融发展抑制经济高质量发展。

2. 遵义市复合系统协同演化规律

根据模型回归结果，认为遵义市金融协同经济高质量发展复合系统的协同机制已经形成，金融发展为遵义市金融协同经济高质量发展复合系统协同演化的序参量，金融发展促进经济高质量发展。

表5.1显示，假设金融发展为遵义市金融协同经济高质量发展复合系统的序参量，演化方程的控制参量$\gamma_1=0.095$，$\gamma_2=0.138$，$a=-0.0002$，$b=0.0023$，此时，$|\gamma_1|\ll|\gamma_2|$且$\gamma_2>0$，符合绝热近似原理，故原假设成立；假设经济高质量发展为复合系统的序参量，演化方程的控制参量$\gamma_1=0.149$，$\gamma_2=0.073$，$a=-0.001$，$b=0.0001$，此时，$|\gamma_1|>|\gamma_2|$且$\gamma_2>0$，不符合绝热近似原理，故原假设不成立。所以遵义市金融协同经济高质量发展复合系统的序参量为金融发展，控制参量的数值反映复合系统的协同演化规律。$\gamma_1=0.095>0$，表明金融发展建立起促进系统有序演化的负反馈机制；$\gamma_2=0.138>0$，表明经济高质量发展已建立使系统有序演化的负反馈机制；$a=-0.0002<0$，表明经济高质量发展对金融发展起到促进作用；$b=0.0023>0$，表明金融发展促进了经济高质量发展。

3. 安顺市复合系统协同演化规律

根据模型回归结果，认为安顺市金融协同经济高质量发展复合系统的协同机制已经形成，金融发展为主宰安顺市金融协同经济高质量发展复合系统协同演化的序参量，金融发展与经济高质量发展相互促进。

表5.1显示，假设金融发展为安顺市金融协同经济高质量发展复合系统的序参量，演化方程的控制参量$\gamma_1=0.073$，$\gamma_2=0.174$，$a=$

-0.422，$b=0.484$，此时，$|\gamma_1| \ll |\gamma_2|$ 且 $\gamma_2>0$，符合绝热近似原理，故原假设成立；假设经济高质量发展为复合系统的序参量，演化方程的控制参量 $\gamma_1=-0.526$，$\gamma_2=0.142$，$a=1.589$，$b=0.405$，此时，$|\gamma_1|>|\gamma_2|$ 且 $\gamma_2>0$，不符合绝热近似原理，故原假设不成立。所以金融发展为安顺市金融协同经济高质量发展复合系统的序参量，控制参量的数值反映复合系统的协同演化规律，$\gamma_1=0.073>0$，表明金融发展建立起促进系统有序演化的负反馈机制；$\gamma_2=0.174>0$，表明经济高质量发展已建立使系统有序演化的负反馈机制；$a=-0.422<0$，表明经济高质量发展对金融发展起到促进作用；$b=0.484>0$，表明金融发展促进了经济高质量发展。

4. 铜仁市复合系统协同演化规律

根据模型回归结果，认为铜仁市金融协同经济高质量发展复合系统的协同机制尚未形成。

从表5.1可以看到，假设金融发展为铜仁市金融协同经济高质量发展复合系统的序参量，演化方程的控制参量 $\gamma_1=-2.277$，$\gamma_2=-0.265$，$a=8.022$，$b=-4.052$，此时，$|\gamma_1| \gg |\gamma_2|$ 且 $\gamma_2<0$，不符合绝热近似原理，故原假设不成立；假设经济高质量发展为复合系统的序参量，演化方程的控制参量 $\gamma_1=-0.604$，$\gamma_2=-1.342$，$a=4.421$，$b=-2.222$，此时，$|\gamma_1|<|\gamma_2|$ 且 $\gamma_2<0$，不符合绝热近似原理，故原假设不成立。两假设均不成立，表明2011～2019年铜仁市金融协同经济高质量发展复合系统未建立起协同演化机制。

5. 毕节市复合系统协同演化规律

根据模型回归结果，认为毕节市金融协同经济高质量发展复合系统的协同机制尚未形成。

表5.1显示，假设金融发展为毕节市金融协同经济高质量发展复合系统的序参量，演化方程的控制参量 $\gamma_1=-0.406$，$\gamma_2=-0.198$，$a=1.589$，$b=-4.668$，此时，$|\gamma_1|>|\gamma_2|$ 且 $\gamma_2<0$，不符合绝热近似原理，故原假设不成立；假设经济高质量发展为毕节市金融协同

经济高质量发展复合系统的序参量，演化方程的控制参量 $\gamma_1 = -0.590$，$\gamma_2 = -0.149$，$a = 5.930$，$b = -0.207$，此时，$|\gamma_1| > |\gamma_2|$ 且 $\gamma_2 < 0$，不符合绝热近似原理，故原假设不成立。两假设均不成立，表明2011～2019年毕节市金融协同经济高质量发展复合系统未建立起协同演化机制。

6. 六盘水市复合系统协同演化规律

根据模型回归结果，认为六盘水市金融协同经济高质量发展复合系统的协同机制已经形成，经济高质量发展为六盘水市金融协同经济高质量发展复合系统协同演化的序参量，经济高质量发展抑制金融发展和协同水平提升。

表5.1显示，假设金融发展为六盘水市金融协同经济高质量发展复合系统的序参量，演化方程的控制参量 $\gamma_1 = -1.214$，$\gamma_2 = -0.015$，$a = 3.726$，$b = -0.104$，此时，$|\gamma_1| \gg |\gamma_2|$ 且 $\gamma_2 < 0$，不符合绝热近似原理，故原假设不成立；假设经济高质量发展为复合系统的序参量，演化方程的控制参量 $\gamma_1 = -0.089$，$\gamma_2 = 0.296$，$a = 0.638$，$b = 0.452$，此时，$|\gamma_1| \ll |\gamma_2|$ 且 $\gamma_2 > 0$，符合绝热近似原理，故原假设成立。故经济高质量发展为六盘水市金融协同经济高质量复合系统协同演化的序参量，其控制参量反映复合系统的协同演化规律，$\gamma_1 = -0.089 < 0$，表明金融发展建立起促进系统有序演化的正反馈机制；$\gamma_2 = 0.296 > 0$，表明经济高质量发展已建立使系统有序演化的负反馈机制；$a = 0.638 > 0$，表明经济高质量发展对金融发展起到抑制作用；$b = 0.452 > 0$，表明金融发展促进了经济高质量发展。

7. 黔西南州复合系统协同演化规律

根据模型回归结果，认为黔西南州金融协同经济高质量发展复合系统的协同机制尚未形成。

表5.1显示，假设金融发展为黔西南州金融协同经济高质量发展复合系统的序参量，演化方程的控制参量 $\gamma_1 = 0.028$，$\gamma_2 = -0.044$，

$a=-0.247$，$b=-0.668$，此时，$|\gamma_1|<|\gamma_2|$且$\gamma_2<0$，不符合绝热近似原理，故原假设不成立；假设经济高质量发展为复合系统的序参量，演化方程的控制参量$\gamma_1=-1.346$，$\gamma_2=0.022$，$a=16.352$，$b=0.077$，此时，$|\gamma_1|\gg|\gamma_2|$且$\gamma_2>0$，不符合绝热近似原理，故原假设不成立。两原假设均不成立，表明2011~2019年黔西南州金融协同经济高质量发展复合系统未建立起协同演化机制。

8. 黔东南州复合系统协同演化规律

根据模型回归结果，认为黔东南州金融协同经济高质量发展复合系统的协同机制尚未形成。

根据表5.1显示，假设金融发展为黔东南州金融协同经济高质量发展复合系统的序参量，演化方程的控制参量$\gamma_1=0.634$，$\gamma_2=-0.089$，$a=-1.695$，$b=-1.448$，此时，$|\gamma_1|\gg|\gamma_2|$且$\gamma_2<0$，不符合绝热近似原理，故原假设不成立；假设经济高质量发展为复合系统的序参量，演化方程的控制参量$\gamma_1=-0.374$，$\gamma_2=0.491$，$a=2.454$，$b=0.547$，此时，$|\gamma_1|<|\gamma_2|$且$\gamma_2>0$，不符合绝热近似原理，故原假设不成立。两原假设均不成立，表明2011~2019年黔东南州金融协同经济高质量发展复合系统未建立起协同演化机制。

9. 黔南州复合系统协同演化规律

根据模型回归结果，认为黔东南州金融协同经济高质量发展复合系统的协同机制已经形成，经济高质量发展为黔南州金融协同经济高质量发展复合系统协同演化的序参量，经济高质量发展抑制金融发展与协同水平提升。

根据表5.1显示，假设金融发展为黔南州金融协同经济高质量发展复合系统的序参量，演化方程的控制参量$\gamma_1=-1.249$，$\gamma_2=-0.040$，$a=0.717$，$b=-0.328$，此时，$|\gamma_1|\gg|\gamma_2|$且$\gamma_2<0$，不符合绝热近似原理，故原假设不成立；假设经济高质量发展为复合系统的序参量，演化方程的控制参量$\gamma_1=-0.094$，$\gamma_2=0.739$，

$a=0.518$，$b=1.091$，此时，$|\gamma_1| \ll |\gamma_2|$ 且 $\gamma_2>0$，符合绝热近似原理，故原假设成立。所以经济高质量发展为金融协同经济高质量发展复合系统协同演化的序参量，其控制参量反映复合系统的协同演化规律，其中，$\gamma_1=-0.094<0$，表明金融发展建立起促进系统有序演化的正反馈机制；$\gamma_2=0.739>0$，表明经济高质量发展已建立使系统有序演化的负反馈机制；$a=0.518>0$，表明经济高质量发展对金融发展起到抑制作用；$b=1.091>0$，表明金融发展促进了经济高质量发展。

10. 复合系统协同演化规律总结

综上所述，贵州省九市州金融协同经济高质量发展复合系统除铜仁市、毕节市、黔西南州、黔东南州外，其余市州均已建立起复合系统的协同演化机制，且贵阳市、遵义市、安顺市的复合系统序参量为金融发展（见表 5.2）。

表 5.2　2011～2019 年贵州省及下辖市州金融协同经济高质量发展复合系统演化规律

地域	是否建立协同机制	序参量	F－D 对复合系统有序演化的作用机制	E－H－D 对复合系统有序演化的作用机制	F－D 对 E－H－D 的作用	E－H－D 对 F－D 的作用
贵州省	否	—	—	—	—	—
贵阳市	是	F－D	正反馈	负反馈	抑制	抑制
遵义市	是	F－D	负反馈	负反馈	促进	促进
安顺市	是	F－D	负反馈	负反馈	促进	促进
铜仁市	否	—	—	—	—	—
毕节市	否	—	—	—	—	—
六盘水市	是	E－H－D	正反馈	负反馈	促进	抑制
黔西南州	否	—	—	—	—	—
黔东南州	否	—	—	—	—	—
黔南州	是	E－H－D	正反馈	负反馈	促进	抑制

注：表中 F－D 表示金融发展；E－H－D 表示经济高质量发展。

其中，贵阳市金融协同经济高质量发展复合系统呈现出的演化规律为：金融发展和经济高质量发展分别建立起正反馈和负反馈机制促进复合系统有序演进，且金融发展与经济高质量发展之间存在相互抑制的关系；遵义市和安顺市的金融发展和经济高质量发展同时建立起促进复合系统有序演化的负反馈机制，且金融发展与经济高质量发展之间产生了相互促进协同效应。六盘水市和黔南州的复合系统序参量均为经济高质量发展，且两者的协同演化规律相同，均表现为：金融发展建立起促进复合系统有序演化的正反馈机制，经济高质量发展建立起促进复合系统有序演化的负反馈机制；金融发展促进了经济高质量发展，而经济高质量发展水平对金融发展产生抑制。

（三）协同水平特征及区域差异

将存在协同演化机制的地州市金融协同经济高质量发展复合系统定态解代入势函数方程，解出复合系统新的有序结构产生处的稳定点A，势函数曲线上的任意一点X到稳定点A的距离决定了其所处的状态，根据距离公式可以得到复合系统的状态评价函数：

$$d = \sqrt{(X - X^{*})^{2} + [V(X) + V(X^{*})]^{2}} \tag{5.10}$$

d值越大反映系统的协同程度越低，反之说明协同程度越高，对d值进行正向化处理得到2011～2019年金融协同经济高质量发展复合系统的协同得分值，如表5.3所示。

表5.3　2011～2019年贵州省地州市金融协同经济高质量发展复合系统协同得分值

年份	贵阳市	遵义市	安顺市	六盘水市	黔南州
2011	0.0000	0.4300	0.4091	1.0000	0.0000
2012	0.7183	1.0000	0.5353	0.8643	0.2479
2013	0.4470	0.8276	0.6052	0.9205	0.0970
2014	0.4196	0.8962	1.0000	0.3919	0.0755
2015	0.3921	0.9650	0.7129	0.8974	0.6716
2016	0.9222	0.2957	0.1527	0.0000	0.7165

续表

年份	贵阳市	遵义市	安顺市	六盘水市	黔南州
2017	1.0000	0.2372	0.5393	0.8629	0.9610
2018	0.6866	0.0000	0.0000	0.5138	1.0000
2019	0.6799	0.0831	0.3056	0.3681	0.8081

从时间序列上看，2011～2019 年，贵州省下辖市州金融协同经济高质量发展复合系统的协同演化过程存在一定差异，根据协同得分值变动趋势可以划分为三种演变特征类型，即波动上升型、先升后降型、波动下降型。

1. 波动上升型

即金融协同经济高质量发展复合系统协同水平演变呈现出波动上升的态势。在已形成协同机制的市州中，贵阳市和黔南州属于波动上升型。如图 5.2 所示，2011～2019 年贵阳市和黔南州的金融协同经济高质量发展复合系统的协同水平存在不同程度的波动，但整体呈现上升趋势，此外，贵阳市的协同水平高于黔南州，2011 年两者的协同状况均处于低水平，贵阳市在 2017 年率先达到最高水平，此后伴随经济结构调整呈现一定的下降和平稳趋势。

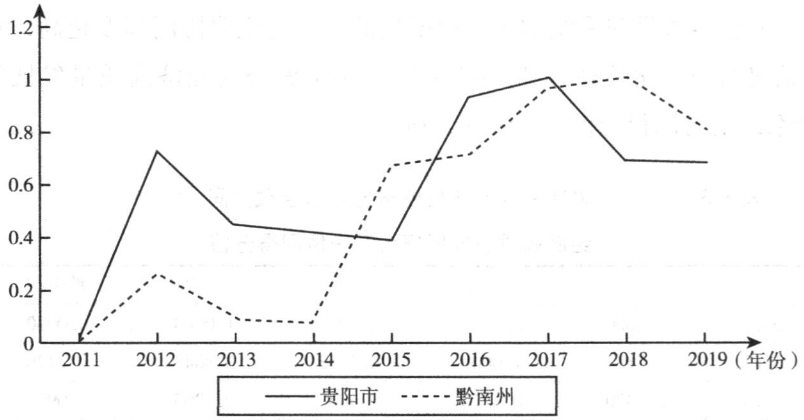

图 5.2　2011～2019 年贵阳市、黔南州金融协同经济高质量发展复合系统协同得分值

2. 先升后降型

即金融协同经济高质量发展复合系统协同水平演变呈现出先上升后下降的趋势。在已形成协同机制的市州中，遵义市和安顺市属于先升后降型，如图 5.3 所示，遵义市和安顺市金融协同经济高质量复合系统的协同状况从 2011 年的中等水平开始，分别在 2012 年、2014 年达到最高水平后，便呈现出波动下降的态势，同时于 2018 年达到最低水平，此后出现回升态势。

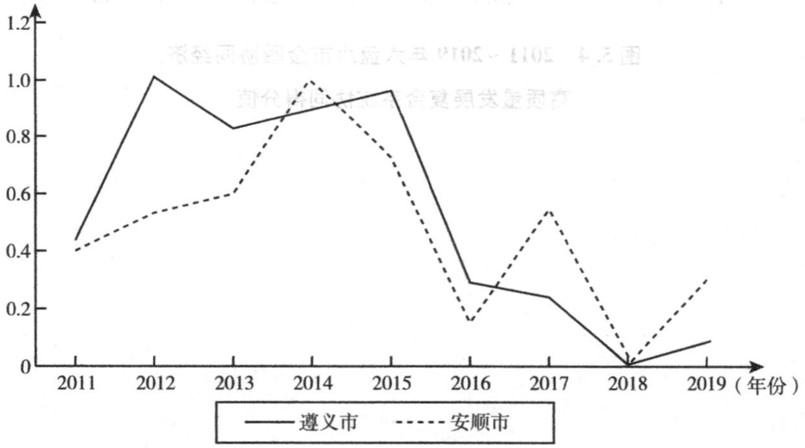

图 5.3 2011～2019 年遵义市、安顺市金融协同经济高质量发展复合系统协同得分值

3. 波动下降型

即金融协同经济高质量发展复合系统协同水平演变呈现波动下降的态势。在已形成协同机制的市州中，六盘水市属于波动下降型，如图 5.4 所示，六盘水市金融协同经济高质量复合系统协同状况在 2011 年即处于较优的协同水平，随后便呈现波动下降的态势，并在 2016 年降到最低水平，此后再次上升后下降，反映金融与经济高质量发展一直在相互适应中不断调整，协同状况不稳定。

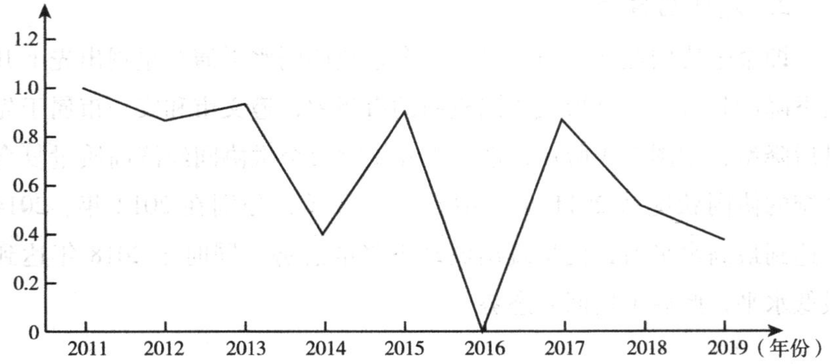

图 5.4　2011～2019 年六盘水市金融协同经济高质量发展复合系统协同得分值

新时代经济高质量
发展的金融协同
路径研究
Chapter 6

第六章 贵州省金融协同经济高质量发展存在的问题与现实障碍

第一节　贵州省金融协同经济高质量发展存在的问题

一、协同机制尚未全面建立，金融与经济高质量发展未能形成良性互动

根据实证结果发现，贵州省省域金融协同经济高质量发展的协同机制尚未形成，主要是受铜仁市、毕节市、黔西南州、黔东南州 4 市州的协同机制未建立的影响。贵阳、遵义、安顺、六盘水及黔南州 5 市州建立起了协同机制，在建立起协同机制的市州中，仅有遵义市和安顺市金融与经济高质量发展之间呈现相互促进的良性互促关系；贵阳市金融发展与经济高质量发展之间存在着相互抑制的关系；六盘水市和黔南州则呈现金融促进经济高质量发展，而经济高质量发展抑制金融发展的现象。因此，贵州省亟待支持尚未形成协同机制的市州建立起金融与经济高质量发展的协同机制，最终形成省域的协同机制，实现金融与经济高质量发展的良性互动，充分发挥金融服务实体经济的功能，让实体经济成为金融健康发展的根基。

二、协同的市州水平差异明显，协同缺乏稳定性

在已形成协同机制的贵阳市、遵义市、安顺市、六盘水市和黔南州中，因协同水平差异出现了不同的协同演化轨迹，呈现出波动上升型、先升后降型、波动下降型三种特征的协同规律。贵阳市和黔南州属于协同波动上升型；遵义市和安顺市属于先升后降型；六盘水市属于波动下降型。三种协同类型均存在明显的波动性特征，缺乏足够的稳定性，说明贵州省各市州在金融协同经济高质量发展中处于摸索阶

段，在不断调整中寻找金融与经济高质量发展的适应与契合，所以演变规律呈现出波动性。找到金融与经济高质量发展两者最佳的适应方式，提高协同水平并保持一定的阶段稳定性，成为新时代贵州金融协同经济高质量发展需要完成的重要任务。

三、金融发展支配协同有序演进，促进作用有待完善

在已形成协同机制的市州中，贵阳市、遵义市、安顺市的复合系统序参量为金融发展，说明金融协同经济高质量发展复合系统的演化受金融发展的控制，最终协同演化的结构与有序程度取决于金融发展水平，因而这三市大力提高金融发展水平是提升协同程度的关键。但除贵阳市目前金融发展对复合系统协同水平是正向反馈外，遵义市和安顺市的金融发展建立起对复合系统有序演化的负向反馈机制。完善政策引导与支持，提升金融发展水平，让金融对资源配置的能力更好发挥，形成金融促进复合系统有序协同的正向反馈机制是贵州省及下辖市州在新时期要解决的主要问题。

四、经济发展质量影响协同发展演进，存在较大提升空间

在金融与经济高质量发展已经形成协同机制的市州中，六盘水市和黔南州的复合系统序参量均为经济高质量发展，说明复合系统的演化受经济高质量发展的控制，最终协同演化的结构与有序程度取决于经济高质量发展，由于目前经济高质量发展对复合系统有序演化建立起负反馈机制，因而这两市州通过提高经济发展质量，改变经济高质量发展对复合系统协同的抑制状态，实现协同水平的提升是必要途径。尚未建立起协同机制的毕节市、黔西南州、黔东南州均是贵州省经济发展相对落后的区域，对于这些地区差异化政策支持，务实经济社会基础营造一个良好的金融生态环境，使实体经济增强对资金的吸引力，才能有效实现金融与经济高质量发展的有序协同。

第二节　贵州省金融协同经济高质量发展的现实障碍

一、金融资源相对匮乏，金融结构不合理

伴随市场化改革与金融功能不断进行完善的过程，金融资源日渐成为影响我国经济发展质量的重要因素。截至2019年末，贵州省的金融从业人员占全国金融全部从业人员比重为1.75%，一般公共预算支出中金融支出占全国比重0.16%①，可见贵州省金融人才要素与财政资源有限；从银行业角度看，贵州省金融机构存款占全国存款总额1.49%，金融机构贷款占全国贷款总额1.93%②；从保险业角度看，保费净收入全国占比1.01%③；从证券业角度看，上市公司数量全国占比仅0.76%④，证券市场融资总额全国占比7.11%⑤，可以发现贵州省金融资源相对较为匮乏，直接融资比重偏低，"十三五"规划纲要指出，要提高直接融资比重，更好地促进资本市场发展。从贵州省内2020年金融资源区域分布情况看，省会城市贵阳金融机构存款余额占贵州省存款余额44.15%，金融机构各项贷款余额占贵州贷款余额的49.01%⑥，在省域金融资源已相对匮乏的状况下，省会贵阳市占据了全省近一半的金融资源，反映出严重的金融资源分配不均，其余市州金融资源更为匮乏，限制其支持实体经济的能力。

除金融资源相对匮乏外，金融结构不合理也是贵州省金融发展的

---

① 数据来源：《中国统计年鉴2020》。

② 数据来源：《中国统计年鉴2020》《贵州统计年鉴2020》。

③ 数据来源：《中国统计年鉴2020》，保费净收入＝保费收入－赔付支出。

④ 数据来源：《中国统计年鉴2020》《贵州统计年鉴2020》。

⑤ 数据来源：《贵州省金融运行报告2020》、2019年中国证券监督管理委员会年报。

⑥ 数据来源：《贵州统计年鉴2020》。

一个重要特征。截至2019年末，贵州省银行业金融机构网点占全部金融机构总网点的97.53%，高出全国水平2.17%；证券业金融机构网点占全部金融机构总网点1.88%，低于全国水平1.1%；保险业金融机构网点占全部金融机构总网点0.57%，低于全国水平0.19%①，可见，贵州省金融机构结构协调性弱，银行业发展快，而证券业、保险业发展滞后，在金融业发展过程中需要重视金融结构的协调，尤其在金融协同经济高质量发展中所需的功能与效率提升通常会受结构不合理的制约，完善金融结构，促进金融结构优化是目前需要突破的一大障碍。

二、金融创新不足，服务实体经济能力弱

贵州省近年来经济快速增长，带来了大量的投融资需求，但在金融服务实体经济过程中，仍存在金融产品、金融服务方式、金融制度、金融体系等多方面的创新不足，具体体现在：（1）金融产品和服务对重大基础设施、特色优势产业、民生领域、重点工程的支持力度较薄弱，在金融产品开发设计能力、金融服务模式及金融创新能力等方面均有待提升。（2）金融体系的创新不足，仍然以银行业金融机构占主导，非银行类金融机构无论是在数量还是资产规模上占比都相对较小，本土法人保险公司仅1家，法人证券公司仅2家，且外资银行、股份制银行在省内分支机构较少。

区域金融服务实体经济发展的能力弱，具体体现在：（1）金融高端人才相对短缺。贵州省金融从业人员在人员规模、素质、创新力等方面，与东部沿海省份相比差异较大。（2）金融业增加值的总量偏低。贵州省2020年金融业增加值在占GDP的比重为6.4%，低于全国8.3%的平均水平，仅为相邻省份云南的76.1%，广西的71.4%，

① 数据来源：2020年《贵州省金融运行报告》。

在西南各省市中排名靠后。(3) 社会融资规模总量低，分布结构待改善。社会融资规模总量的增加可以体现金融促进实体经济发展的作用增大，尤其以银行贷款与股票融资的增加可以体现实体经济增长中来自银行和资本市场的融资支持。贵州省 2020 年的社会融资规模累计新增在全国居第 17 位，在西部地区居第 4 位，省域社会融资规模总额累计新增仅为全国的 1.88%，反映金融支持实体经济的能力仍相对较弱。从融资结构看，直接融资规模（包括企业债券融资和非金融企业境内股票融资）占社会融资规模总量的比例为 12.18%，间接融资比例大，而直接融资比例小，说明资本市场发展相对滞后，融资结构不合理，且近几年在全国平均水平之下，如表 6.1 所示。

表 6.1　2015～2020 年贵州省与全国直接融资占比变化情况

年份	2015	2016	2017	2018	2019	2020
贵州	13.99%	20.95%	5.13%	0.22%	7.13%	12.18%
全国	24.00%	23.75%	5.74%	13.30%	14.36%	15.31%

数据来源：2015～2020 年《区域金融运行报告》。

三、各市州经济实力差距大，资金投入差距明显

经济社会发展不平衡问题的解决，是省域经济实现高质量发展的关键。根据图 6.1 直观显示，2011 年与 2020 年贵州省下辖市州地区生产总值水平发现，“黄金十年”的快速发展后，省内地区生产总值差距仍未有效改善，地区生产总值最低城市安顺市与最高城市贵阳市之间差距从 2011 年的 1097.52 亿元扩大到 2020 年的 3344.91 亿元①，各市州经济实力差距在逐步拉大，经济发展不平衡问题仍未被破解，而经济发展不平衡与经济高质量发展的内涵相悖。与此同时，各市州经济实力的差距影响各市州对科技创新驱动资金投入强度，进而影响

① 数据来源：2011 年、2020 年贵州省各市州国民经济与社会发展年报。

创新产出和创新发展，加剧各市州经济实力差距，因此要实现经济的质量提升，经济社会发展不平衡问题亟待解决。

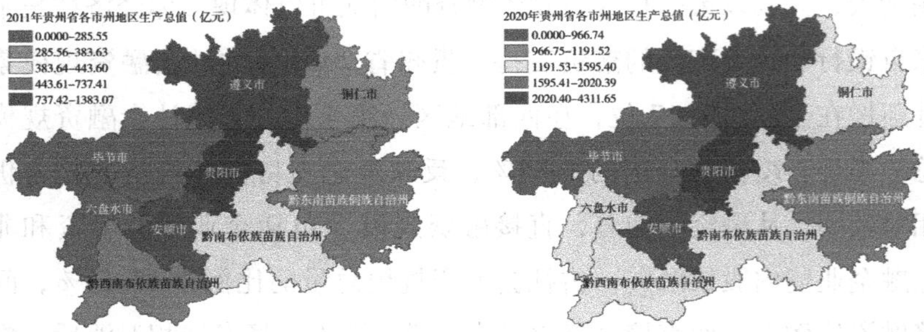

图 6.1　贵州省 2008 年、2020 年各市州地区生产总值变化

经济高质量发展强调“质”，需要优化经济结构，加大科技创新的驱动需要大量的资金投入，从图 6.2 可以看出，贵州省各市州地方财政预算支出中科学技术支出以及 R&D 经费支出区域差距较大，省会城市贵阳科学技术支出与其余市州差距明显，2019 年其科学技术支出与最低的安顺市相差 240628 万元，占贵州省当年科学技术支出的 21.08%；2019 年 R&D 经费支出最高的贵阳与最低的黔东南州相差 677251.9 万元，占贵州省当年 R&D 经费支出的 46.8%①，可以发

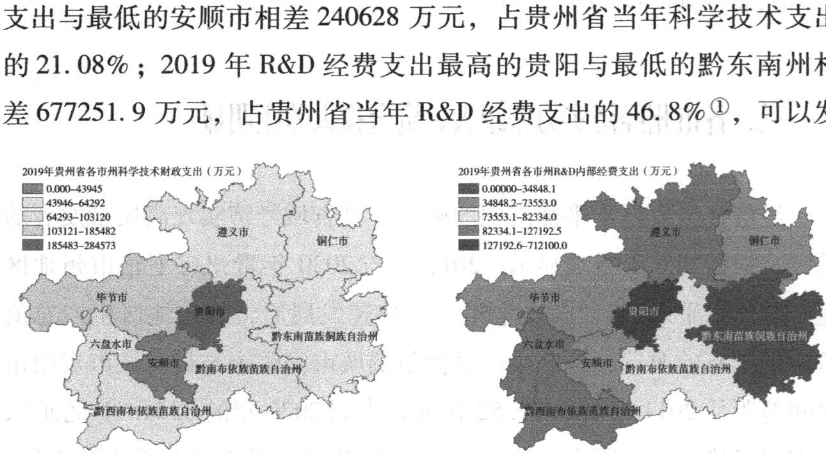

图 6.2　贵州省各市州 2019 年地方财政预算支出：
科学技术支出及 R&D 经费支出直观图

① 数据来源：《贵州统计年鉴 2020》、国研网。

现贵阳市与其他市州科技创新驱动投入差距明显，直接影响各市州科技创新能力与水平差距，市州创新活力不足在一定程度上限制经济发展质量的提升，进一步扩大各市州经济实力的差距，影响省域经济发展的均衡性。

四、各市州金融发展不均衡，影响区域金融服务能力

金融服务能力受金融发展水平的限制，金融发展水平的提高能够更好地服务于经济的高质量发展。在前面第四章对贵州省金融发展水平的综合评价中看出，贵州省下辖市州在金融规模、金融结构、金融效率及金融数字化水平均存在明显差距，贵阳市因省会城市优势与其他市州差距大。就具体指标而言，（1）金融规模方面，从“金融机构人民币存贷款余额/地区生产总值”的比值来看，2019 年贵阳市遥遥领先于其他市州，是毕节市的 3.25 倍。各市州的水平变化情况如图 6.3 所示，贵阳市进入新时代以来呈现逐年上升的趋势，其他市州则缓慢上升，黔南、黔东南州等部分市州近年略有下降。（2）从金融结构看，各市州均以银行业金融机构为主导，保险、证券等其他非银行类金融机构却发展缓慢，且金融机构营业网点在省会城市贵阳有较高的集聚性。（3）从金融效率看，2020 年贵阳市、黔南州两市州存贷比指标看，资金运用效率较高；遵义、黔东南相对资金运用效率低，金融机构将储蓄转化为投资的能力较弱。图 6.4 显示，从保险深度看，毕节、安顺等市州远低于贵阳市，虽近几年差距有缩小趋势，但差距仍较大。

各市州的金融发展水平非均衡性明显，影响了区域的金融服务能力。北大数字普惠金融指数可以体现国内数字普惠金融发展差异和地区均衡程度[①]，在一定程度上能反映区域金融服务能力，反映金融服务能够覆盖的群体以及提供服务的广度和深度。贵州省 2020 年数字

① 北京大学数字普惠金融指数（2011 ~ 2020 年）https：//idf. pku. edu. cn/docs/20210421101507614920. pdf.

普惠金融指数排名为28/31，数字普惠金融的发展水平明显偏低，金融服务能力相对较弱，居民对金融服务的获取性还有待进一步提升。从数字普惠金融的覆盖广度来看，毕节、黔东南州等经济发展相对落后的市州数字普惠金融覆盖广度与贵阳差距较大，金融服务的可获得性仍较低，一些偏远地区金融服务尚未全面触及；从数字金融使用深度看，落后地区尚有较大的追赶空间；从数字支持服务看，经济相对落后地区的数字支持服务发展较快，因而市州之间差异较小。

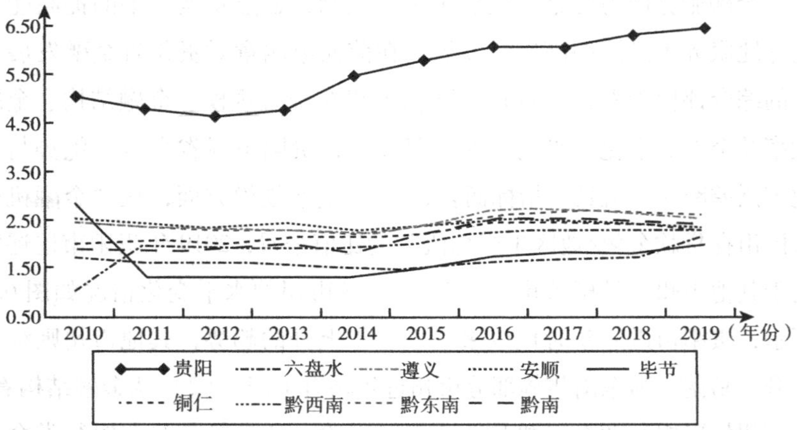

图6.3　2010～2019年贵州省各市州金融机构人民币存贷款余额与地区生产总值的比值

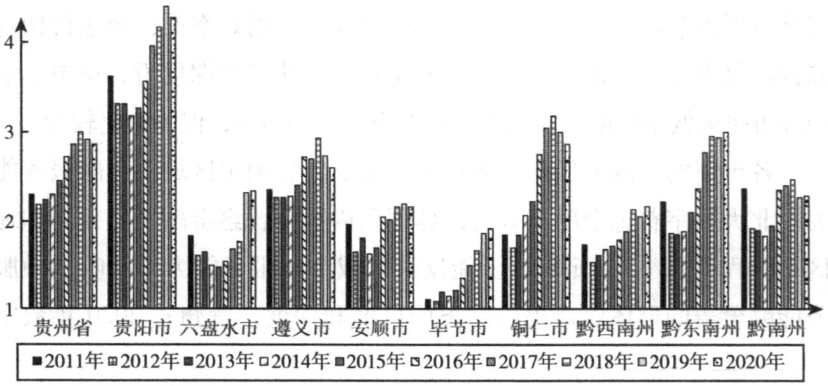

图6.4　贵州省及下辖各市州保险深度变化情况

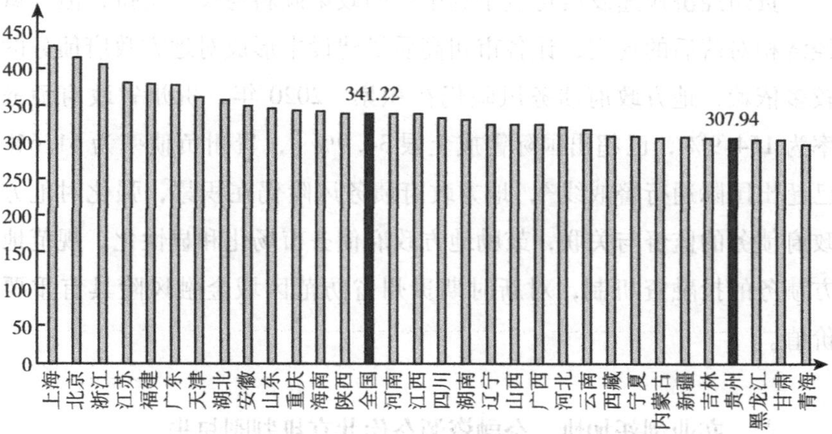

图 6.5　2020 年各省市数字普惠金融指数分布情况

数据来源：北京大学数字普惠金融指数。

五、实体经济资金吸引力增强，但金融风险不容忽视

经济高质量发展需要高质量金融服务的支撑，但只有实体经济发展良好才能吸引逐利性质的金融资金。贵州实体经济吸引资金能力正在增强，2020 年贵州存贷比为 1.14，相较于 2015 年高出 0.37，增速由 2015 年的 −4.4% 上升为 8.8%①，可知贵州实体经济正快速集聚资金，较多存款转化为贷款，吸引省外资金不断流入贵州省内，但实体经济快速发展的背后金融风险积累问题不容忽视。

党的十九大指出要防范和化解金融风险。贵州存贷比的提高体现集聚资金能力增强的同时，也可能存在集聚资金过程中的金融风险积累。截至 2020 年末，贵州存贷比位列全国第一，比全国最低城市北京高出 0.7②，金融市场监管部门需要加强对银行信贷等金融服务领域的监管，防范和化解金融风险。

① 数据来源：2014 年、2015 年、2019 年、2020 年贵州省国民经济和社会发展年报。

② 数据来源：2020 年中国各省国民经济和社会发展年报。

贵州经济快速发展得益于党中央的政策倾斜与长期支持，但区域经济相对落后的现实，让各市州高质量建设中形成对地方政府债务的较多依赖，地方政府债务风险仍在积累。2020 年，贵州省政府债务率为 154.9%，已超出国际警戒上限 34.9%①，贵州负债率为 61.6% 已超出国际通行警戒线②，地方政府债务风险仍在积累，强化对地方政府债务的监督与关联，鼓励地方政府债务市场化和显性化，规范地方债务的投融资机制，对新时期贵州省防范区域金融风险具有重要价值。

六、产业创新加快，金融资源合作共享机制刚起步

结合省域资源禀赋与经济社会发展实际，贵州省提出了重点发展的 32 条产业链，包括茶叶、刺梨、辣椒等在内的十二大特色优势产业，优质烟酒、健康医药等十大工业产业和大旅游、大健康、大数据等十大服务业创新工程，产业创新加快③。如表 6.2 所示，贵州省高新技术企业 2011～2019 年增加了 1492 家，营业收入、工业总产值的年均增速为 28.87%、25.27%，均保持在较高的增速水平，高新技术企业的快速发展是贵州省产业创新加快的重要体现。

---

① 数据来源：贵州省 2020 年预算执行情况和 2021 年预算草案的报告，债务率 = 债务余额与政府综合财力之比，其中综合财力 = 一般公共预算收入 + 转移支付收入 + 政府性基金收入，债务率国际警戒区间为 100%～120%。

② 数据来源：贵州省 2020 年预算执行情况和 2021 年预算草案的报告，负债率 = 政府债务余额/GDP，负债率国际通行警戒线为 60%。

③ 贵州省十大千亿级工业产业振兴行动方案（黔府发〔2018〕33 号）[R/OL].（2018－12－24），贵州省人民政府网，http：//www.guizhou.gov.cn/zwgk/zcfg/szfwj_8191/qff_8193/201812/t20181224_2040864.html.

贵州省服务业创新发展十大工程行动方案（黔府发〔2020〕7 号）[R/OL].（2020－06－11），贵州省人民政府网 http：//www.guizhou.gov.cn/zwgk/zcfg/szfwj_8191/qff_8193/202006/t20200611_61061398.html.

表 6.2　　贵州省高新技术企业历年基本情况

年份	企业数（个）	年末从业人员（人）	资产总计（亿元）	营业收入（亿元）	工业总产值（亿元）
2011	152	91294	840.69	510.57	492.89
2012	178	110031	1060.58	671.14	685.79
2013	241	130258	1657.77	777.05	810.24
2014	301	145762	6760.10	953.62	991.90
2015	379	146862	1982.53	1102.54	1069.84
2016	471	149497	2295.77	1162.82	1110.86
2017	688	173779	2867.55	1632.44	1407.76
2018	1174	—	—	4464.09	3482.82
2019	1644	—	—	5004.25	3744.03

注：—表示缺乏相关统计数据。

数据来源：《贵州科技统计年鉴》、贵州省科技厅官网。

金融跨时间和空间的资源整合与配置能力，能够加速产业集聚与升级，实现产业结构发展的优化与布局合理，这一金融功能的实现基于市场化与金融资源自由流动的前提。贵州省各市州间金融资源流动程度可通过金融机构存款和贷款余额数据反映，2020 年末 9 市州之间的存贷比存在较大差距，贵阳为 126.54%，遵义为 84.38%，各市州平均值为 112.25%①，可以解释为贵阳市和黔南州有明显的资金需求，遵义则资金相对充裕。受市场化程度不高影响，区域合作机制尚未完善，各市州金融资源流动不够充分和顺畅。在促进贵州省经济发展质量的进程中，应在合理的产业规划和空间布局指引下，引导金融资源流向新兴产业，建立起匹配金融资源跨区流动的机制，加强金融合作，为经济发展质量提升提供多层次、全方位、多渠道的金融供给。贵州省 2020 年 11 月上线的公共资源交易综合金融服务平台，在我国是首个覆盖全省范围的、统一的综合性金融服务平台，它通过平台搭建的数字化，将银行、保险等的金融机构引入，充分利用公共资

① 数据来源：各市州国民经济和社会发展统计公报。

源的交易数据，实现为参与交易的各市场主体提供在线金融服务。这一平台的搭建将有利于贵州省将省内各种公共资源的海量交易数据汇聚融合，通过大数据和区块链技术，将资源整合并对外开放合作，有利于区域融合与协调的加快。但该平台尚处于起步阶段，需要技术支持与区域合作基础上持续的完善[①]。

① 贵州省公共资源交易综合金融服务平台上线运营［R/OL］.（2020－11－21），贵州省人民政府国有资产监督管理委员会网，http：//gzw. guizhou. gov. cn/xwzx/qyzc/202011/t20201121_65332075. html.

第七章 新时代贵州省金融协同经济高质量发展的路径与对策

第一节　贵州省金融协同经济高质量发展的路径

一、构建省域金融协同经济高质量发展的运作机制，形成两者良性互促

金融协同经济高质量发展是金融服务实体经济本质的体现，是金融回归本源的基本体现。区域金融与经济发展质量的关系因区域资源禀赋差异等原因存在不协同或协同水平差距，因而需要结合区域内部经济金融资源构成状况，关注两者关系的动态演化，掌握协同规律，总结出适合区域金融服务实体经济、区域金融有效配置市场资源的切合机制，以协同视角制订发展战略，是持续推进金融供给侧结构性改革、有效服务经济高质量发展的前提和保证。

贵州省基于协同视角的战略规划应充分考虑区域差异，对于尚未建立协同机制的铜仁市、毕节市、黔西南州、黔东南州应加大政策引导和支持，尽快建立起金融与经济高质量发展的协同机制；对于已经形成协同的贵阳市、遵义市、安顺市、六盘水市和黔南州应根据协同规律，在对协同规律的认识中找到影响有序协同的序参量，合理设计以金融或经济质量中关键因素优化，带动协同水平有效提升的方式。最后从省域角度建立起基于大数据、大生态的优势，结合本省乡村振兴、城镇化发展的特点，在区域产业结构转型、产业融合、产业布局的基础上，重视金融资源配置与区域经济发展质量相协调，逐步构建起两者协同发展的良性机制。在省域协同规划制定的过程中，对协同规律的认识与掌握是关键，是制定协同战略与规划的基础。

二、加快协同规律的探索，缩小市州发展差距

在金融与经济高质量发展协同规律的实证中发现，在已形成协同机制的市州因协同水平差异出现不同的协同演化轨迹，均存在明显的波动性特征，体现出贵州省目前金融协同经济高质量发展的摸索阶段特征。因而，对于尚未形成协同的铜仁市、毕节市、黔西南州及黔东南州要在尽快建立起金融协同经济高质量发展运作机制的基础上，加快对协同规律的探索，以期较快实现协同并稳定两者的协同关系，促进经济的发展速度加快、质量更高。

六盘水市和黔南州的复合系统序参量均为经济高质量发展，因而经济发展质量是控制协同有序发展的关键因素。由于贵州省下辖各市州经济发展质量的差距大，直接影响协同的实现与协同水平的提升。对于六盘水市和黔南州，提升协同水平和效果的关键是提升经济发展质量，在高质量发展的要求下催生出更多金融产品和服务的需求，为满足金融需求进行的供给侧结构性改革将促使金融创新，不断推进金融规模扩大、金融结构优化及金融效率提高，实现金融普惠与数字化水平提升，促使更高质量的金融与持续攀升的经济质量在高层次实现协同。这一协同路径具有贵州经济相对落后、辖内区域经济实力差距明显的典型特征。经济质量相对差的市州，受基础条件限制，区域内没有产业、项目支撑，或产业基础薄弱，吸引资金的能力较弱，难以实现金融和经济质量的协同。以战略带动、政策引导，在缩小市州发展差距的基础上，通过经济质量提升金融需求与供给，实现金融与经济高质量协同发展是贵州新时代加快后发赶超的重要路径。

三、构建现代化金融体系，以金融贡献上升提高协同水平

已形成协同机制的贵阳市、遵义市、安顺市其复合系统序参量为

金融发展，证实金融发展水平支配协同有序演化，提升金融发展水平是提高复合系统协同的关键。建立现代化的金融体系，是我国经济从高速增长向新时代高质量发展转变的内在要求，是新时代适应发展方式的转变、经济结构的优化、增长动力转换的迫切要求，是中国特色社会主义在新时期新阶段的重要战略目标与部署。现代化的金融体系作为国家治理体系的重要构成及核心，它决定着国家和区域资金的供给成本与效率，一个高效的现代化金融体系，能够在市场作用下通过金融资源的配置带动其他资源进行合理配置，也推动着经济向高质量的方向快速发展，形成金融与经济发展质量关系的良好互动，推动两者协同发展。

贵州省要实现金融协同经济高质量发展，必须加快构建与贵州现代化产业体系、生产体系及经营体系相匹配的现代金融体系。加快市场在资源配置中的重要作用，完善金融供给体系，形成多层次金融市场，满足多元市场经济主体多样化的融资需求，根据贵州省产业转型升级的战略和布局要求，结合战略新兴产业发展规律，以科技赋能金融提质增效，加快贵州金融产品与服务创新，不断提高资源配置的质量与效率。

四、强化“四轮驱动”，加快经济质量的协同作用

六盘水市和黔南州在金融与经济高质量发展复合系统运作的协同规律中，均体现出经济质量带动特征，即，经济发展质量主导复合系统协同的有序演进，高质量的经济发展会要求高质量的金融发展水平与之相适应，推动金融协同经济高质量发展复合系统向更高协同水平有序演化。因而在区域差异化政策引导中，对于具有经济质量带动特征的市州而言，金融协同经济高质量发展的关键是提高经济发展质量。

走过令人惊异的“黄金十年”，贵州在融入新发展格局、践行发

展新理念中，找到“十四五”新阶段的新动力来源，提出“四轮驱动”战略，为高质量发展的贵州指明了创新的动力源泉与发展方向。新阶段贵州再出发，在继续实施乡村振兴、大数据、大生态三大战略的基础上，强化“四轮驱动”，将以高质量的新成绩形成与金融发展的良性关系，实现贵州金融与经济高质量的发展协同，金融更好地服务实体经济的新局面。

第二节　贵州省金融协同经济高质量发展的对策

一、加强政策引导，提升对实体经济的金融支撑

（一）强化信贷政策指引，加强对国有金融机构的领导、运营管理与监督

新时期贵州省应更加注重金融管理和政府部门的引领作用，强化信贷政策的引导，主要可从以下方面开展：第一，继续建设完善普惠金融体系，建立健全普惠金融服务的激励机制。通过政府贴息、补息和风险补偿等方式，鼓励银行等金融机构持续开展普惠金融服务，引导加强对优质中小微企业、新型农业开展长期的信贷支持。第二，出台相关政策措施，建立与健全风险补偿机制，促进企业信息披露制度进一步完善，增加信息的透明度。从风险补偿和减少信息成本两个方面，鼓励银行业继续加强对符合信贷要求的优质产业和新兴产业的资金支持，促进贵州产业结构升级。第三，通过税收优惠、政府补贴等方式提高银行业向低碳企业提供信贷资金的积极性，引导银行信贷资金流向低碳企业，支持绿色产业企业发展。此外，为达到政策落实后的更好效果，在强化政策引领作用的同时，贵州省也要进一步加快国有金融机构的公司制改革，从运营

管理、监督、风险防范等方面，加强对国有金融机构的领导，使其职能和作用能充分发挥。

（二）拓展多样化融资渠道，深化金融供给侧结构性改革

相较于发达地区，贵州省金融市场的发展滞后，省内实现经济发展质量提升的市场主体——中小企业、新型农业企业及旅游企业等融资方式仍以银行的信贷资金为主，融资方式较为单一。这些导致贵州省中小企业、新型农业及乡村旅游产业等在融资及进一步扩大的过程中受到一定制约，政府及金融管理部门应积极制订政策与措施，帮助企业拓宽融资渠道。

在直接融资市场中，贵州省可以从鼓励中小微企业“股权多元化”和支持企业发行非金融企业债务融资工具两个方面入手：一方面，“股权多元化”方面，在注册制改革及新三板改革背景下，贵州省要紧抓机遇，进一步完善企业上市的相关激励机制。继续推行产业扶持政策，落实好专项奖励措施，对为企业上市提供帮助的金融机构进行奖励等，多方面鼓励中小企业在新三板、中小板等市场上市融资。同时，金融管理部门要认真落实国务院下发的关于规范发展区域性股权市场管理的相关文件，建立健全监督管理体系，完善贵州省区域性股权市场。另一方面，支持企业发行非金融企业债券等融资工具，同时贵州省金融监督管理部门强化监管，制订相关的政策措施，建立健全管理监督体系，为中小微企业进行债券融资提供健康安全的金融环境。

在间接融资市场中，企业从银行融通资金方面，应在继续完善信用贷款机制的同时，引导企业用担保和贴现两种方式进行贷款，拓宽企业获得资金的渠道。首先，贵州省政府部门要严格落实为中小微企业提供担保的融资担保公司实施降费奖补的政策，进一步建立和健全政策性的融资担保体系，最大限度地发挥其担保的功能，完善风险分担机制，为中小微企业融资担保提供服务。其次，金融管理部门应制订相关政策，完善风险补偿机制，引导商业银行继续完善质押贷款机

制，支持企业利用知识产权、应收账款、供应链金融、特许经营权等方式进行质押融资；而新型农业经营主体也可利用农地、农机等方式进行质押获得贷款，丰富质押贷款融资方式。最后，鼓励商业银行创新贴现贷款产品，增大贴现贷款业务对企业的吸引力，引导企业进行贴现贷款，拓宽银行信贷方面的融资渠道。

企业其他融资方面，一是推动金融机构与政府管理部门相互合作，继续完善贵州省跨境融资相关制度，建立健全跨境融资业务办理工作体系，为企业提供更多的机构信息；二是政府要加强与保险资管公司互动合作，尽快制订相关政策措施，推进“险资入黔”计划的落实，同时，对地方企业管理部门进行保险知识培训，以规范保险资金的使用及管理，提高保险资金的投资效率。

（三）降低融资成本，适应经济高质量发展的金融需求

支持实体经济发展，降低企业尤其是中小微企业、新型农业企业的融资成本，缓解民营企业“融资难”“融资贵”困境，构建服务民营经济发展的金融支持体系是当前亟待落实的重要措施。

首先，在要求完善小额贷款公司运营管理制度的同时，政府部门应通过减税降费政策，引导小额贷款公司为中小微企业、新型农业企业提供信贷，并规定最高贷款利率，鼓励小额信贷公司主动让利于企业；其次，制订相关管理条例，继续加强关于银行为企业提供信贷服务的收费管理，进一步规范信贷融资收费，减少除利息成本之外的其他中间服务费用；再次，制订相关激励政策，通过政府提供补贴、减税降费等方式鼓励融资担保公司主动对接中小微企业，降低对企业担保所收取的保费，降低企业从银行融资的综合成本；最后，建立健全政府的专项投资基金体系。根据贵州省企业实际发展情况及融资需求，不断优化调整基金的组建架构，完善投资运作、基金管理、考核约束等相关制度，致力于为省内技术创新企业、新型农业企业、特色产业等提供支持，同时带动社会投资的参与。

二、加快金融创新，提升服务实体经济能力

努力贯彻《贵州省现代金融创新发展工程专项行动方案》，选择以大数据金融、绿色金融和互联网金融为发展方向，未来聚焦实体经济加快金融创新进程，提升服务实体经济能力。主要从以下方面着力。

（一）加大金融规模，持续推进“引金入黔”工程

针对贵州金融资源相对匮乏，且金融结构不合理等问题，各市州应继续开展“引金入黔”工程：首先，进一步扩大金融的开放水平。金融开放既要求放宽外资金融机构准入的条件，提高其股权占比，更重要的是积极引进国内外金融发展的经验做法，同时促进良好金融环境的形成，构建结构合理的金融市场与金融组织机构体系。其次，由地方金融监管部门牵头，同有关部门设立具有特色的金融招商项目，加强各市州与其他地方政府的协作，以金融开放招商推动金融招商的发展与创新。最后，重点引入保险资金即“险资入黔”。推进“险资入黔”以补齐贵州省金融短板、防范化解债务风险，加大重点项目建设与产业转型升级的中长期直接融资；建立建设省域保险融资需求的项目库，引导保险资金通过股权投资计划、债权投资计划等多种形式，为贵州的重大基础设施与城镇化建设等重点民生工程提供长期性的资金支持，多措施吸引资金以扩大金融规模，持续推进“引金入黔”工程。

（二）加快大生态战略落实，积极发展绿色金融

绿色金融是贵州加快大生态战略落实的重要促进因素。首先，加大政策对绿色金融机构的支持力度，如通过提供财政补贴、减免税收等，引导金融资金积极投向绿色产业、项目，提高绿色金融的区域覆盖率、可得性与便利度；其次，继续推广国际绿色金融标

准，进一步完善贵州省绿色金融标准体系中的国际标准部分；最后，出台政策积极支持省内符合条件的绿色企业上市融资与再融资。通过市场化运作扩宽绿色企业融资渠道，通过发挥资本市场的作用激发绿色企业自身的活力，加大上市培育的扶持力度，加快上市步伐。加快大生态战略落实的同时，通过以上措施积极为绿色金融的发展赋能，挖掘绿色金融改革持续创新的动力，积极把贵州建设成为西部绿色金融中心。

（三）以互联网、大数据为支撑，大力发展科技金融

充分发挥互联网、大数据的支撑作用，鼓励发展互联网金融，将大数据、人工智能、物联网等前沿技术与金融场景深度融合。首先，鼓励各银行依托大数据聚集发展优势，形成新的“大数据+金融”发展模式，积极推进“第二银行”建设，创新自身业务、拓展市场，谋求转型升级。其次，引导市州建立科技金融投入机制。推出服务于中小微企业系列的科技金融产品，如创新“科创贷”专项等产品；完善省域资本市场建设的工作安排，为支持科技型企业发展，落实企业的税收优惠、实施企业上市奖励、加强企业上市金融支持、支持私募股权投资机构发展等，加快推进企业上市工作。最后，对科技金融加强监管，促进形成科技金融行业公平竞争、防范行业金融风险与消费者保护的良好市场环境，需要监管部门会同地方政府出台相关政策、实施意见，着力金融科技的基础设施建设、金融科技产品的研发、金融科学技术的推广与运用，乃至金融科技人才及机构的集聚等，明确未来金融科技的发展方向。

（四）提高金融服务的广度与深度，建设数字普惠金融体系

发展数字普惠金融有利于企业降本增效、金融体系提质与改革。贵州省建设与完善数字普惠金融体系，需要做好以下工作。

一是加快数字普惠创新，提高金融服务能力。推进创新商业模

式，通过构建金融流动服务站开展助农的流动金融服务，入股小贷公司、村镇银行等延伸服务网点。创新金融产品，针对不同企业、产业、需求等，创新拓展适宜的金融产品，为客户提供个性化的金融产品和服务，构建多元化的产品体系。

二是聚焦短板，提高金融服务广度与深度。以小微企业、农民、低收入人群等为重点服务对象，做到“普”“惠”同行，推动普惠小微企业信用贷款、阶段性延期还本付息等政策工具落实，使相对弱势的客群能够获得正规金融机构提供的金融服务，缓解“融资难”“融资贵”的问题。

三是普及普惠金融知识，提高居民金融素养。构建金融知识普及长效机制，通过“农村金融学校”等载体，定期开展金融知识培训；多部门联合开展送金融知识、农技和法律知识下乡活动，提高国民知识素养。

四是建立信用信息共享平台。将信用信息全面纳入统一系统中，供信用信息需求者使用，降低数字普惠金融机构开展业务的成本。

（五）发展直接融资，推动资本市场建设

满足贵州省经济高质量发展的要求，多层次资本市场的建设与高质量发展是加快落实金融供给侧结构性改革、拓宽融资渠道、提高直接融资比重的重要举措。

一是股票市场方面，进一步提升股权融资比重。积极培育运作良好、信誉状况良好、盈利能力良好的企业，鼓励其通过上市发行股票融资。围绕推动“四化”，培育更多优质上市公司。支持已上市的公司通过再融资及并购重组等方式，实现生产经营扩大与转型升级。支持创新创业型的企业在创业板、科创板进行上市融资；加快“新三板”市场建设，推动公司进入创新层和精选层发展，助推企业转板上市；大力发展区域股权交易市场，壮大贵州股权交易中心，根据区域经济发展情况，根据市场需求创新交易品种，通过先行先试后再组

织全面实施；鼓励贵州股权交易中心为中小企业积极开展资产支持证券、私募债、优先股等品种交易。

二是债券市场方面，积极发挥债券市场筹措中长期资金的优势。积极用好企业债、公司债、中期票据等各类债券融资工具，引导资金流向大数据、大生态、大健康等重要领域，以及电子信息产业、先进装备制造业、优质烟酒产业、民族医药、生态特色食品产业等重点产业，支持经济结构转型。

三是基金市场方面，积极推动基础设施领域不动产投资信托基金（REITs）在贵州省的发展，发挥其在收费公路、仓储物流、城镇供水等基础设施项目建设中的运用。加大对私募股权基金的积极支持，保障其在募、投、管、退等各环节的畅通，鼓励其“投小”“投早”与“投科技”，促进贵州省产业结构的不断优化与升级。

四是在衍生品市场方面，应稳步推进相关产品与制度创新，充分利用期货市场更好地服务贵州经济社会发展，推动贵州特色产品辣椒、鸡蛋等品种上市和设立交割库，通过“保险＋期货”的方式探索发展资本市场服务“三农”的农业风险管理模式。

三、缩小区域经济差距，以经济质量提升增强资金实力

（一）加强对落后地区的扶持政策，完善基础设施建设

当前贵州省各市州区域差异大，影响区域协调发展，因此政府应细化政策指导空间，在完善基础设施建设的基础上，充分挖掘市州存在的经济发展潜力。第一，积极争取中央财政资金支持，结合市州地方的政策导向，加大对仍相对落后区域基础设施建设等方面的财政投入，以政策倾斜的方式对仍相对落后地区进行扶持，巩固脱贫攻坚的成果；结合落后地区的资源与特色，通过引入项目或特色产业打造，拓宽脱贫攻坚的果实，精准带动落后地区快速发展，进一步缓解各市州间的经济差距。第二，持续完善落后地区交通基

础设施网络，构建区域多互通、城乡全覆盖、高效能运输的综合交通运输体系，加大普通省道、农村道路建设资金投入，提高地区之间交通效率，打破地域限制，促进区域资源有效流动。第三，推进对通信基础设施落后地区的建设，构建安全、高效的信息网络体系，通过“大数据+”进一步助推万企融合，建设互联互通、信息全面的信息共享平台，实现资源共享，增加网络覆盖面积，降低资源获取的时间成本。

（二）规划区域特色经济发展模式，推动产业转型与优化

贵州省下辖各市州资源、环境等要素不尽相同，民俗、文化各具特色，经济高质量发展中需要充分考虑地区差异，合理规划各市州特色经济发展模式，因地制宜，使资源利用效率实现最大化，促进产业的集群发展，根据贵州省发展和改革委员会相关规划[①]，贵州省认定的第一批特色产业集群主要有遵义市酱香白酒产业集群、铜仁市互联网平台经济产业集群、毕节市清洁能源产业集群、贵阳贵安大数据产业集群、黔东南州大健康医药产业集群、六盘水市新型能源化工产业集群、黔西南州铝合金新材料产业集群、黔南州磷化工绿色高效利用产业集群、安顺市特色旅游产业集群。贵州可通过重点打造大数据产业集群、酱香白酒产业集群、大健康医药产业集群、特色旅游产业集群等产业集群，进而带动贵州整体特色经济发展，促使产业转型与优化，具体特色产业集群分布如图 7.1 所示。

第一，推动大数据产业集群，支持贵州大数据产业持续发展，完善大数据产业基础设施，基于已有大数据产业生态，积极扩大产业规模，继续维持大数据产业龙头优势；第二，努力打造大健康医药产业集群发展，实现中药材规模化种植，培育中药材优良品种，提高产品

① 资料来源：省发展改革委认定第一批贵州省特色优势产业集群［R/OL］.（2020－03－02），贵州省发展和改革委员会网站，http：//fgw. guizhou. gov. cn/fggz/ywdt/202103/t20210302_66917774. html.

质量，加大医药研发经费投入，注重发掘贵州苗药，积极建设养老院等老年人服务基础设施；第三，大力推进酱香白酒产业集群发展，进一步提升烟酒基础设施建设水平，改进烟酒生产技术，扩大烟酒产业规模，基于“茅台”品牌效应深度挖掘其他烟酒品牌文化；第四，积极推动特色旅游产业集群，完善旅游业配套设施，完善旅游区安全管理制度，提高游客旅游质量，积极创建“多彩贵州”5A景区，扩展“多彩贵州”品牌的影响力；第五，加快发展贵州现代山地特色高效农业产业，因地制宜，扩大辣椒、中药材、特色水果等特色产品种植规模，进一步增加地理标志性产品数量，加快开发示范性农业产业园，促进特色农业产业集群发展。

图 7.1　贵州省各市州特色优势产业集群分布

（三）搭建区域资源、技术共享平台，强化区域合作

经济高质量发展的内在要求包括经济平衡发展，要求区域协调发

展，贵州经济高质量发展过程中需要着重解决区域发展不协调问题，而区域合作是保证各地区之间协调发展的重要途径之一，对此贵州省需要加强各市州间相互合作机制，通过搭建区域资源、技术共享平台等合作方式，进一步解决贵州省区域之间不协调问题。第一，提高贵州数据资源共享平台服务质量，进一步加强数据资源共享能力，完善“云上贵州”的数据共享体系架构，扩大数字资源服务群体范围，实现各地区数据库相互贯通，降低各地区在数据获取上的时间成本，加强各地区数据获取能力，提高各地区服务效率，促进区域合作交流；第二，共建技术创新合作共享平台，推动各地区重大技术合作研究，各地区相互开放省级及以上实验室等技术平台，定期举办科学技术交流会，加强各地区科研人员交流合作，优化跨区域科学技术合作环境；第三，推进教育资源的合作共享平台建设，鼓励高等院校定期开展学术交流会，积极推动各高校合作办学、学分互通，加强教师跨地区教学、毕业生跨地区就业等跨区域资源流动，推进高校研究所与企业的多方合作与研究，实现技术共享，促进科技创新；第四，积极建设省域统一市场，实现区域之间资源自由流动，统一区域市场进入标准，促进各地区企业合作与交流，建立健全市场纪律和市场监管管理体系，进一步强化信用信息互联互通，建立跨区域失信处罚制度，扫清资源自由流动障碍，营造各区域资源共享优良环境。

（四）持续推进乡村振兴，巩固脱贫攻坚成果

当前贵州省已取得了脱贫攻坚战的全面胜利，基本消除了绝对贫困，但依然存在着相对贫困的现象，贫困人口脱贫后治理问题依旧艰巨。贵州省作为全国重要的脱贫攻坚战场之一，防范脱贫人口的返贫任重道远，新阶段应将重心放在由决胜脱贫转为乡村振兴上，并做好两者之间平稳过渡的衔接工作，通过乡村振兴巩固与拓展脱贫攻坚胜利成果。第一，实现乡村产业振兴，结合贵州山地特色优势，大力发展现代山地特色高效农业，同时以农文旅融合发展，推广乡村旅游的新型旅游模式；各市州应持续推进各类扶贫特色产业建设，推动乡村生产力发展，坚持乡村自立自强，实现乡村社会经济的可持续发展。第二，实现乡村生态振兴，加强乡村生态环境建设，建立健全覆盖乡村的生态环境保护机制，完善乡村污染防治体系，增加森林覆盖面积，通过乡村绿色发展模式进一步支持省域全面的高质量发展，加快乡村生活设施建设，继续强化对贵州民族特色山寨以及传统村庄的保护，提升乡村居民生活质量。第三，实现乡村组织振兴，加强乡村社会治理，定期开展乡村普法教育活动，培养乡村居民法律意识，重点关注乡村居民信息反馈，进一步促进乡村公开治理体系的透明完善，提高乡村居民的安全感、幸福感。第四，实现乡村文化振兴，积极传承、弘扬优秀乡村传统文化，深度挖掘乡村红色文化，讲述好贵州红色经典故事，充分利用贵州红色文化遗址，传承红色革命文化精神，打造红色文化传承教育示范乡村基地，积极开展“重走长征路”等红色文化活动，丰富乡村居民精神生活。第五，建立城乡融合发展体系，协调好城镇化与乡村振兴战略的两者关系，促使城乡要素资源自由流动，打破贵州省地理限制，合理配置城镇公共资源，加强农村基础设施建设，充分发挥城镇对农村辐射带动作用，巩固脱贫攻坚胜利成果。

四、促进区域金融均衡发展，提升服务实体经济的效果

（一）坚持市场化改革，加快构建现代金融供给体系

区域金融均衡发展是金融高质量发展的前提和表现，是坚持市场化改革和金融供给侧结构性改革的结果。贵州省要加快金融改革，促进金融资源的整合优化，建设覆盖面广、优势互补，多主体协调发展的普惠金融组织体系，使欠发达地区在提升金融供给主体力量的同时，提高区域金融竞争力。加强对国有金融机构的改革、领导及运营管理，支持本地法人金融机构做大做强，培育本地保险公司、证券公

司、融资租赁、私募基金、商业保理等机构，鼓励设立保险经纪、大数据信用评级等各类金融服务中介机构，形成多层次金融组织体系，发挥金融对区域经济的带动作用。

（二）优化金融生态环境，营造良好营商环境

金融与经济的高质量发展均须以良好的金融生态环境为前提。金融生态环境优良能吸引大量资金支持当地产业发展、保障就业增加居民收入、提高地区经济发展水平并巩固脱贫攻坚成果。营造和维护良好的金融生态环境，贵州省应从多方面入手。首先，政策支持，中央及地方政府可运用特色产业专项贷款、定向降准、扶贫再贷款展期等货币政策引导地方金融机构扩大对各市州产业发展的信贷投放，通过投资降税、特色经济作物补贴等财政手段防止资金外溢，以支持各地特色农产品深加工与产业规模化发展。其次，健全信用评估制度，利用大数据技术构建信用信息共享和储存平台、鼓励地方信用评级机构发展、建立个人信用奖惩机制。最后，增加村镇银行等金融机构网点、降低民营资本进入金融行业的门槛、培育规范的民间信用中介和农业保险机构，建立多金融主体、多资金供给、服务多样化的金融体系，打造覆盖面广、活力充足、竞争良好的金融环境。加强农村金融知识普及、激发脱贫地区与脱贫人口金融需求，多方面提升金融生态环境的质量，为区域经济社会发展提供金融基础，为增强金融巩固脱贫攻坚成果、服务乡村振兴的能力，也为乡村特色产业发展营造良好营商环境。

（三）加强金融机构与地方政府性融资平台沟通，防范与化解地方债务风险

近年来，贵州省经济快速发展的资金需求使政府的债务负担日益加重，其中规模大、增长快且透明度低的隐性债务导致的偿债信用问题凸显，存在产生金融风险的可能性，不利于省域金融、经济的良性

发展。从防范金融风险的角度，贵州省内金融机构应从协助厘清隐性债务存量、规范政府融资渠道、建立债务风险预警机制等方面解决政府隐性债务问题。银行类金融机构可利用资产负债表分类核算政府负债项目，使隐性债务存量透明化、对隐性债务坏账做不良资产处置、帮助实现政府债务重组，消化已有的债务存量。另外，对政府提供规范合法的贷款、计提或有隐性债务的专项风险准备金、监测隐性债务的规模与增速等指标，建立风险预警机制预防债务风险发生；继续加强对政府债券、城投债发行的监管，协助政府资产证券化，规范并公开政府融资方式和规模；信用评级机构应发展多方信用评级体系、分离政府债券信用与城投债信用，保证城投债信用评级的有效性，使其真正反映债券所含风险。加快推动地方政府融资平台与金融机构的多途径合作，从消化存量、规范增量以及风险监控三个方面化解与防范地方政府的隐性债务风险，为贵州省经济社会发展提供健康的金融环境。

（四）大力发展供应链金融，形成金融服务城乡融合的长效机制

供应链金融是为产业链正常运转与结构转型升级提供资金来源的主体，能够缓解小微、乡镇农业企业融资问题，支持地方特色产业链的发展，进而破除城乡二元产业结构状态，促进城乡融合发展。首先，贵州省应高度重视农村供应链的金融基础设施建设，发展偏远地区的产业物流网络，解决农户供应商的产品储存、运输问题，保证链条下游企业运转正常。其次，应用大数据、云计算与人工智能等互联网技术，搭建以核心企业为中心、供应链上下游一体的高度数字化的数据共享平台、信用评价体系和风险管理程序，降低供应链上下游企业的融资与管理成本，提高金融服务效率。另外，必须健全供应链的金融监管体制，完善乡镇企业信息公开制度，提高产业链条财务信息透明度，对赊销、订货、应收账款等涉及的票据严加审核，杜绝供应链企业串通骗取银行资金等道德风险发生。推动区域供应链金融发

展，提高对弱势乡村产业链的金融支持，缩小城乡发展差距，形成城乡融合、协同发展的良好趋势。

五、提升地方监管水平与质量，防范与化解金融风险

（一）加快出台地方金融监管法规，推进监管法治化进程

各类新型金融组织及金融产品创新，在一定程度上可以缓解小微企业的“融资难”“融资贵”的问题，但同时为金融监督管理及风险处置带来了挑战。贵州省政府应本着防范与化解区域金融风险的属地责任，应加快《贵州省地方金融监督管理条例》的出台，为贵州金融监管的有法可依、执法有据提供保障，这对于推动贵州省金融的高效治理与高质量发展、防范与化解重大金融风险、促进贵州经济社会良好发展有积极意义。首先，贵州省政府要加快构建完善的地方金融监管规范体系，明确金融法规的调整范围并规定金融监管的措施及手段，坚持适度监管原则，将机构监管与业务监管相结合，以信息披露、行业自律、非现场检查等事中事后监管为重点，力求切实防范风险的同时，保护、激发金融市场创新活力。其次，要加强对金融监管队伍的全面建设。通过多个渠道、多种形式选拔并培养贵州省金融监管的适用人才，并重视金融监管从业人员的持续培训，以考核等方式推动相关从业人员的主动学习，不断提升地方监管机构对风险的识别、管理能力。最后，重视防范金融风险，防止各类金融组织及活动存在监管“真空”。在出台相关金融法规时，贵州省要坚持促进发展和防范风险两手抓，明确地方金融监管部门在风险处置中的责任，建立健全省域金融监管体制机制，防范和化解金融风险。

（二）推动金融机构大数据技术综合运用，提升防范金融风险水平

将大数据分析与挖掘技术融入金融风险防范工作，提升金融风险

防范的能力及效率。一方面，通过对金融机构相关部门人员培训，提高金融风险技术人员运用大数据进行技术分析、计算、识别能力，强化对金融风险的动态监管，推动金融机构建立科学合理的金融风险识别与防范体系；另一方面，适应创新金融服务模式的风险管理需求，利用大数据可以为相关金融监管人员提供庞大数据支持，建立起客户全面的图像与信息数据库。基于大数据技术的优势，对于贵州省而言，如何将大数据技术更好地运用于当地金融风险管理显得尤为重要，可以从以下几个方面入手：一是要着力推动大数据产业与金融业的融合发展，出台相关政策文件支持加大对大数据企业的信贷投放，如税收优惠政策等，激发大数据企业的创新活力和发展能力，以更高的技术手段为强化金融风险管理服务；二是结合当地金融风险的预警规则，运用数据挖掘技术与数据分析，对贵州省金融机构的金融活动信息进行全面分析与监管，以便及时发现金融机构与区域金融体系的风险积累状况，提升对金融风险的识别；三是利用大数据技术总结与提炼省域金融机构的发展特点和运营规律，建立起一整套科学运作、防范有效的地方金融监管的体系机制，形成对地方金融机构和市场的有效监管。

（三）强化中央与地方协调监管，构建多主体参与的地方金融风险处置机制

地方性金融法规的出台对于规范省域金融组织的经营行为、金融风险的有效防范和化解、维护区域金融稳定具有重要作用，与此同时，要重视加强与中央金融监管的协调配合。一方面，贵州省在出台相关法规时，要注重与全国性统一法规、条例的协调，对统一标准的监管原则适应对具体金融机构的重大监管，能避免因规则不一致出现的监管套利现象，并且需要进一步明确贵州省金融监管部门与上级监管部门的分工和协同。目前金融机构推出的多种跨金融行业、跨金融市场的产品、服务及交易，如果各金融监管部门仅限于目前各自管辖

范围实施监管，或不同部门对同类业务的监管规则和监管标准不一致，则容易产生监管混乱，因此对相关业务实施的穿透式监管是需要实现的监管目标。另一方面，贵州省应在中央金融监管部门的指导下借鉴其他省域的监管经验，建立中央与省域金融信息的共享机制，形成风险预警、评估及处置机制，严格防范区域性、系统性风险的发生，通过上下联动，紧密协作，形成贵州省与中央监管有机联系、协调监管、完整覆盖的区域金融监管局面。

六、提高综合金融服务水平，支持产业升级和创新

（一）银行积极创新特色金融产品，综合金融高效服务科技创新

新时期作为贵州省金融市场主导的商业银行要继续发挥在金融市场中的引领作用，融合多元化综合金融服务推动科技创新，助力经济高质量发展。首先，商业银行要抓住大数据这一独特优势结合市场调查分析去了解客户的真正需求，利用科技创新研发出能够提供个性化服务，快速解决客户疑问，实时精准定位客户市场，推送营销方案的金融服务产品；其次，加快健全创新产品管理体系，精准定位各类客户需求，统一协调各部门工作以提高办事效率，建立规范化、标准化、高效化的产品研发部门；再次，要广纳技术型人才特别是兼具金融、计算机相关背景的交叉型人才，加强部门之间的经验交流以及团队合作能力，培育出一批擅长捕捉客户需求的高素质人才，同时要加快横向跨机构合作，与科技类公司形成“竞与合”的关系；最后，加强银行内部企业文化宣传，努力挖掘贵州省各地方民族文化特色，将文化创新融入产品服务之中。

借力贵州大数据融合创新发展战略，提升金融综合服务能力，为科技企业提供融资服务以推动科技创新和产业升级。重点服务轻资产、高风险、高成长、高收益的科技型中小企业，围绕企业知识产权、股权、专利等开发金融产品，帮助企业发展。首先，银行需

要转变授信观念，着眼未来互联网趋势，针对科技公司贷款提出以数据为载体的授信模式；其次，加速科技金融基础设施建设，运用区块链、大数据等技术孵化出向公共开放的科技信息服务平台，有效准确评估风险，确保贷款资金与信用的匹配程度；最后，结合科技公司本身成长特征，建立科技金融创新服务体系，鼓励各大银行与信托、基金等机构联合起来共同评估知识产权授信，完善风险共担的信用机制。

（二）推进区域性股权市场发展，拓宽企业融资渠道

落实国家支持中小企业、民营企业的政策，根植于地方经济和中小微企业，大力发展区域股权市场，畅通资本市场服务实体经济的全程。通过区域股权市场将闲置、待完工等的低质效资产进行重组、市场化运营、流通、转让等进行有序盘活，持续为地方实体经济提供直接融资服务。提高本地储蓄转化为投资的能力，减少资本的流出。

一是通过贵州股权交易中心与实体企业、投资人的连接，以投行思维，创新权益、债权类直接融资工具，企业长期大额资金需求以股权融资满足，而企业流动性需求以债券融资满足，并发挥其交易与融资功能。

二是要在对企业股权托管工作的基础上，进一步推动企业与资本市场的对接，积极为企业提供股权交易及改制辅导等的系列服务。加大对省域战略性新兴产业、传统优势产业、高新技术产业等的大力支持，积极服务贵州驱动经济发展的“四轮”，推动相关产业经营主体上市融资。

三是要引导保险公司、信托公司、财务公司等风险偏好多元化的金融机构参与区域股权交易市场，引导资金支持中小微企业发展。

四是加快对贵州股权交易中心的打造，将其建设成为在西南地区具一定影响力的，一家综合性投融资服务平台、非上市公司的股权转

让平台、新三板挂牌企业的输送平台及IPO企业的培育平台①，助力贵州经济社会的高质量发展。

（三）创新农业保险新模式，加快农业产业结构调整

贵州省要持续深入推进农业的供给侧结构性改革、加快对农业的产业结构调整，探索保险为农业产业发展服务的创新模式。

一是要发挥农业保险的风险管理的功能，助推农业产业结构调整。运用保险、期货、期权等金融工具，探索发展“保险+期货”“订单+贷款+保险+期货”等模式来建立有效分散风险的途径，防范与化解农产品市场上价格波动的风险、自然灾害风险等，有效维护农民利益，增强对农业发展的保障效用。

二是探索发展特色农产品险种，助力农业优势产业发展壮大。因地制宜地开发辣椒、茶叶、刺梨、蔬菜、生态养殖等特色险种，积极探索蔬菜价格指数保险、气象指数保险等新型险种，开展涉及生产、加工、物流等环节的全产业链条险种，形成支持地方优势产业的保险集合。

三是要充分利用农业保险提高政策效率。通过农业保险对农户增加生产投入的激励机制，提高对农产品政策扶持的生产效率，有利于财政资金使用效率的提升、对农产品综合生产能力形成持续性保障，减轻政府农业支出负担。

四是利用政策性农业保险，以农业补贴实现对传统农业产业结构调整的带动。对投保条件、保险费率、保险金额和保费补贴等做出倾向性调整，设置不同的标准，从而扶持贵州省积极打造的特色优势产业、实现调整农业产业结构的目的。

（四）完善综合金融服务平台建设，缓解中小微企业“融资难”

为缓解中小微企业“融资难”“融资贵”的困境，推动在公共资

---

① 贵州股权金融资产交易中心在贵阳高新区国家数字产业园挂牌：http：//www.sasac.gov.cn/n2588025/n2588129/c2765927/content.html.

源交易领域的服务创新，全国首个覆盖省域的统一性综合金融服务平台——贵州省公共资源交易综合金融服务平台已上线，在有效促进资源整合与开放合作、汇聚融合全省各类公共资源交易数据、优化公共资源交易服务环境、进一步深化“放管服”改革等方面取得了一定的成效。但这一平台建立的时间不长，需要对平台功能进一步完善。

一是坚持以需求为导向，进一步拓展平台服务的深度，为存在差异化诉求的客户提供有针对性的服务，改善用户的体验感。一方面，利用大数据优势推进平台高技术、高质量建设，借鉴其他省域区域平台建设的先进经验，拓展贵州省综合金融服务平台建设的空间，突出综合金融服务的核心竞争力；另一方面，不断丰富平台的功能，扩大平台的应用范围，不断扩展到多层次、覆盖广的金融供给主体与金融需求主体。重点要将服务对象聚焦于中小微企业的融资，通过平台有效破除银行和企业之间的信息壁垒，鼓励金融机构降低贷款门槛，提供多种无抵押、免担保类的贷款和创新金融产品，降低企业的融资成本，解决中小微企业“融资难”“融资贵”的问题。

二是坚持以问题为导向，进一步推进平台服务的精准化，实施结构化数据管理，拓展平台信息开放共享功能，并强化平台风险预警评估。首先，提升有效整合资源的能力，不断研发以及应用先进的技术手段纳入更多的数据资源，提升信息获取的准确性以及全面性，降低融资双方的信息获取成本，并且要密切关注信息的变动，提高数据信息的及时性。其次，提高平台的风险预警能力，尤其是对中小微企业的风险监测水平，由政府牵头，监管部门及银行等多部门共同参与，有效整合各方资源，便于相关金融机构加强对整个贷款流程的管理，实现风险可控。

三是坚持以效果为导向，进一步提升平台服务的可持续性，让贵州省公共资源交易综合金融服务平台具备长久的生命力，提高平台用户的忠实度。从客户端角度出发，平台建设要在注册使用、问题反馈、信贷获得等方面下功夫，满足客户对多元化金融服务以及便利性等需求。从政府部门角度出发，平台要及时更新最新发布的政策和统计数据，以便各相关部门能够应用平台来参与贵州经济建设和金融资源配置。此外，平台要重视宣传推广的力度，运用覆盖贵州省域的营业网点、短信、手机软件、自媒体等渠道，提高平台的知晓度，吸引更多的客户关注并使用平台，引导企业主动利用平台解决融资难题。

参考文献

[1] H. 哈肯. 协同学引论 [M]. 徐锡申，陈式刚，陈雅深，等，译. 北京：原子能出版社，1984.

[2] 爱德华·肖，经济发展中的金融深化 [M]. 邵伏军，许晓明，宋先平，译. 上海：上海人民出版社，1988.

[3] 白钦先. 百年金融的历史性变迁 [J]. 国际金融研究，2003 (2)：59－63.

[4] 蔡彬彬，郭熙保. 金融分工：一种新的金融发展分析框架 [J]. 经济科学，2005 (4)：85－98.

[5] 蔡伟雄. 贸易开放对金融发展的影响分析 [J]. 商业时代，2012 (8)：51－52.

[6] 曹景林，张子贤. 生产性服务业是推动经济高质量发展的"新引擎"吗？[J]. 统计与信息论坛，2021，36 (6)：84－93.

[7] 陈富良，田刚元. 黄河流域制造业高质量发展的动力与路径 [J/OL]. 人民黄河：1－5 [2021－07－29]. http：//kns.cnki.net/kcms/detail/41.1128.TV.20210709.1129.002.html.

[8] 陈刚，李树. 金融发展与增长源泉：要素积累、技术进步与效率改善 [J]. 南方经济，2009 (5)：24－35.

[9] 陈建华. 京津冀金融协同发展研究 [M]. 北京：中国金融出版社，2015.

[10] 陈景辉. 浅析全球金融业发展的新趋势 [J]. 大连民族学院学报，2000 (1)：37－40.

[11] 陈丽芳，董蕾．乡村振兴背景下少数民族地区文化产业高质量发展的路径 [J]．云南民族大学学报（哲学社会科学版）．2021 (4)：46 -52.

[12] 陈秋睿．乡村振兴战略背景下贵州产业发展的路径研究 [J]．特区经济，2018 (12).

[13] 程同顺，薛乃亢．新时代金融治理现代化 [J]．学习论坛，2019 (5)：32 -40.

[14] 程翔，王曼怡，田昕，等．中国金融发展水平的空间动态差异与影响因素 [J]．金融论坛，2018，23 (8)：43 -54.

[15] 仇新忠．金融创新促进南通经济高质量发展研究 [J]．南通职业大学学报，2019，33 (4)：1 -6，22.

[16] 崔耕瑞．消费升级、产业升级与经济高质量发展 [J/OL]．统计与决策，2021 (15)：114 -118.

[17] 崔艳娟．我国金融发展对贫困减缓的影响：理论与实证 [D]．大连：东北财经大学，2012.

[18] 代芳芳．省域金融与实体经济耦合协调的空间差异研究 [D]．贵州大学，2019.

[19] 丁攀，金为华，陈楠．绿色金融发展、产业结构升级与经济可持续增长 [J]．南方金融，2021 (2)：13 -24.

[20] 丁志帆．数字经济驱动经济高质量发展的机制研究：一个理论分析框架 [J]．现代经济探讨，2020 (1)：85 -92.

[21] 杜丹清，占智康．新经济背景下发挥消费基础性作用研究——基于流通功能拓展与平台组织再造的视角 [J]．经济学家，2018 (2)：62 -69.

[22] 杜人淮，马会君．深刻把握新时代经济高质量发展的理论内涵 [J]．观察与思考，2020，4 (5)：5 -16.

[23] 范庆泉，储成君，高佳宁．环境规制、产业结构升级对经济高质量发展的影响 [J]．中国人口·资源与环境，2020，30 (6)：

84 –94.

[24] 范晓璇．基于金融结构视角的金融发展方式转变探讨 [J]．商讯，2020 (4)：70 –71.

[25] 冯·贝塔朗菲．一般系统论基础发展和应用 [M]．林康义，魏宏森，等，译．北京：清华大学出版社，1987.

[26] 符建华，曹晓晨．人口老龄化对中国经济高质量发展的影响研究 [J]．经济问题探索，2021 (6)：44 –55.

[27] 高培勇．理解、把握和推动经济高质量发展 [J] 经济学动态，2019 (80)：3 –9

[28] 戈德史密斯．金融结构与金融发展 [M]．周朔，译．上海：上海人民出版社，1990.

[29] 贵阳日报融媒体记者．后发赶超　天翻地覆慨而慷 [N]．贵阳日报，2021 –06 –30 (14).

[30] 贵州产业技术发展研究院．乡村振兴战略背景下贵州农村一二三产融合发展研究 [J]．中国市场，2021 (5).

[31] 郭楚月，曾福生．农村基础设施影响农业高质量发展的机理与效应分析 [J/OL]．农业现代化研究，[2021 – 07 – 21]. https://doi. org/10. 13872/j. 1000 –0275. 2021. 0074.

[32] 郭丽虹，张祥建，徐龙炳．社会融资规模和融资结构对实体经济的影响研究 [J]．国际金融究，2014，4 (6)：66 –74.

[33] 过旭东．金融发展、产业结构变化与实体经济增长的关系探讨 [J]．商业经济研究，2021 (10)：156 –159.

[34] 何冬梅，刘鹏．人口老龄化、制造业转型升级与经济高质量发展——基于中介效应模型 [J]．经济与管理研究，2020，41 (1)：3 –20.

[35] 何宏庆．数字金融：经济高质量发展的重要驱动 [J]．西安财经学院学报，2019，32 (2)：45 –51.

[36] 河南省社科联课题组，王喜成．创新驱动是经济高质量发

展的内在要求和必然选择 [J]. 黄河科技学院学报, 2020, 22 (4): 61 - 66.

[37] 贺俊, 韩汶衍, 毕功兵. 直接融资结构对经济发展的非线性影响 [J/OL]. 中国管理科学: 1 - 12 [2021 - 07 - 24]. https: //doi. org/10. 16381/j. cnki. issn1003 - 207x. 2020. 0114.

[38] 胡静波, 刘雅娇. 金融业发展对宏观经济增长的影响研究——基于高素质劳动力持续转移的视角 [J]. 经济与管理评论, 2019, 35 (4): 64 - 74.

[39] 胡敏. 高质量发展要有高质量考评 [N]. 中国经济时报, 2018 - 01 - 18 (5).

[40] 华桂宏, 朱瑾, 成春林. 论推进中国金融现代化——一个基于金融约束的视角 [J]. 经济问题探索, 2006 (2): 139 - 142.

[41] 华桂宏. 论金融现代化的性质 [J]. 中国经济问题, 2005 (3): 55 - 62.

[42] 黄林. 贵州省产业结构变迁与经济增长关系研究——基于要素禀赋理论视角 [D]. 贵阳: 贵州财经大学, 2019 (6).

[43] 黄玲, 张庆君. 疫情冲击、信用违约和流动性风险防范 [J]. 华北金融, 2021 (5): 40 - 48.

[44] 贾根良, 何增平. 金融开放与发展中国家的金融困局 [J]. 马克思主义研究, 2019 (5): 66 - 77.

[45] 江春, 许立成. 金融监管与金融发展: 理论框架与实证检验 [J]. 金融研究, 2005 (4): 79 - 88.

[46] 江红莉, 蒋鹏程. 数字普惠金融的居民消费水平提升和结构优化效应研究 [J]. 现代财经 (天津财经大学学报), 2020, 40 (10): 18 - 32.

[47] 蒋瑞波. 中国区域金融创新研究 [D]. 杭州: 浙江大学, 2014.

[48] 金碚. 关于"高质量发展"的经济学研究 [J]. 中国工业

经济，2018（4）：5－18.

［49］金忠秀．“黔货出山势头猛”“利益联结”荷包鼓——贵州纵深推进12个农业特色优势产业发展［N］．贵州日报，2020（7）．

［50］雷汉云，王旭霞．环境污染、绿色金融与经济高质量发展［J］．统计与决策，2020，36（15）：18－22.

［51］雷蒙德·W．戈德史密斯．金融结构与金融发展［M］．周朔，等，译．上海：上海三联书店，1994.

［52］李柏洲，张美丽．数字化转型对区域经济高质量发展的作用机理研究——区域创新能力的调节作用［J/OL］．系统工程：1－13［2021－07－29］．http：//kns.cnki.net/kcms/detail/43.1115.N.20210729.1029.002.html.

［53］李海央，朱明月，马娜．农村金融高质量发展水平测度与时空分异［J/OL］．重庆大学学报（社会科学版）：1－13［2021－07－26］．http：//kns.cnki.net/kcms/detail/50.1023.C.20210629.1023.002.html.

［54］李惠，严中成．关于我国农业高质量发展的文献综述［J］．农业与技术，2021，41（12）：8－13.

［55］李健．论中国金融发展中的结构制约［J］．财贸经济，2003（8）：54－59，97.

［56］李涛，徐翔，孙硕．普惠金融与经济增长［J］．金融研究，2016（4）：1－16.

［57］李义奇．金融发展与金融制度变迁［J］．郑州大学学报（哲学社会科学版），2005（2）：134－137.

［58］李宗显，杨千帆．数字经济如何影响中国经济高质量发展？［J］．现代经济探讨，2021（7）：10－19.

［59］梁宝幸．我国金融成长评价指标体系的初步研究［J］．学理论，2009（13）：123－124.

［60］梁婧姝，张燕生．中国区域金融发展的影响因素研究

[J]. 宏观经济研究, 2019 (7): 14-24, 70.

[61] 林甘露. 我国金融发展水平影响因素研究 [J]. 商, 2016 (29): 189-190.

[62] 林毅夫, 付才辉, 任晓猛. 金融创新如何推动高质量发展: 新结构经济学的视角 [J]. 金融论坛, 2019, 24 (11): 3-13.

[63] 林勇, 陈名银. 我国金融发展指标体系构建与水平测度 [J]. 商业时代, 2014 (18): 64-66.

[64] 凌连新, 阳国亮. 粤港澳大湾区经济高质量发展的评价与靶向路径研究 [J]. 统计与信息论坛, 2021, 36 (6): 120-128.

[65] 刘金凯, 邵四华, 姜鹏. 金融创新驱动支持天津经济提质增效研究 [J]. 华北金融, 2020 (7): 48-56.

[66] 刘金全, 于惠春. 我国固定资产投资和经济增长之间影响关系的实证分析 [J]. 统计研究, 2002 (1): 26-29.

[67] 刘同山. 区域金融发展影响因素的空间面板计量分析 [J]. 金融与经济, 2011 (7): 33-35.

[68] 刘霞, 何鹏. 绿色金融在中部地区经济发展中的影响效应研究 [J]. 工业技术经济, 2019, 38 (3): 76-84.

[69] 刘亚雪, 田成诗, 程立燕. 世界经济高质量发展水平的测度及比较 [J]. 经济学家, 2020 (5): 69-78.

[70] 刘奕, 夏杰长. 推动中国服务业高质量发展: 主要任务与政策建议 [J]. 国际贸易, 2018 (8): 53-59.

[71] 刘迎秋. 中小民营企业及其高质量发展的路径选择 [J]. 光彩, 2018 (12): 23-25.

[72] 刘瑜, 蔡永卫, 张弘. 县域金融发展水平测度与影响因素分析 [J]. 甘肃金融, 2019 (2): 48-52.

[73] 柳艳舟, 田翠香, 乔宗铭. 功能与结构观: 金融发展和金融深化的内涵 [J]. 广西社会科学, 2003 (6): 56-58.

[74] 龙军民. ”内循环” 视角下探讨经济高质量发展的贵州路

径［J］. 质量与市场，2020，4（9）：110－112.

［75］卢珍菊. 从产业波及效果看广西金融业发展对经济增长的影响及对策建议［J］. 学术论坛，2011，34（8）：119－122.

［76］罗纳德·麦金农. 经济发展中的货币与资本［M］. 卢骢，译. 上海：上海人民出版社，1997.

［77］马克思恩格斯全集（第2卷）［M］. 北京：人民出版社，1974.

［78］麦金农. 经济发展中的货币与资本［M］. 卢骢，译. 上海：上海三联书店，1988.

［79］毛毅. 金融业与实体经济行业间工资差距对中国经济增长的影响研究［J］. 财贸研究，2020，31（12）：49－60.

［80］彭洪. 对外开放对金融发展的影响初探［J］. 中国市场，2017（2）：76－78.

［81］钱学森. 论系统工程［M］. 长沙：湖南科技出版社，1982.

［82］邱玥，何勤，董晓雨. 人工智能技术应用会减少制造业企业的就业机会吗？——以珠江三角洲制造业企业为例［J］. 中国劳动关系学院学报，2020，34（6）：112－120.

［83］任保平，朱晓萌. 新经济背景下我国企业高质量竞争新优势的培育［J/OL］. 重庆工商大学学报（社会科学版），2022（4）：1－13［2021－07－23. http：//kns. cnki. net/kcms/detail/50. 1154. C. 20210623. 1514. 006. html.

［84］任保平. 新时代中国经济从高速增长转向高质量发展：理论阐释与实践取向［J］. 学术月刊，2018，50（3）：66－74，86.

［85］荣晨. 推动制造业高质量发展须把”稳就业”放在突出位置——兼析新一轮科技革命进程中的就业结构变化［J］. 价格理论与实践，2021，4（2）：25－29.

［86］邵勋."黔"力无限，未来可期——贵州交通"十三五"发展成就、做法及启示［J］. 中国公路，2020（24）.

[87] 师博，张冰瑶．全国地级以上城市经济高质量发展测度与分析［J］．社会科学研究，2019（3）：19－27.

[88] 石华平，易敏利．环境规制对高质量发展的影响及空间溢出效应研究［J］．经济问题探索，2020（5）：160－175.

[89] 石燕，詹国辉．文旅融合高质量发展的指数建构、影响因素与提升策略——以江苏为例［J］．南京社会科学，2021，4（7）：165－172.

[90] 苏亚民，陈琛．论区域金融发展水平的评价与分析［J］．科技创业月刊，2017，30（4）：4－6.

[91] 孙伟祖．功能观视角下的金融发展理论及其延伸［J］．广东金融学院学报，2005（5）：8－13，79.

[92] 孙志红，张娟．金融科技、金融发展与经济增长［J］．财会月刊，2021（4）：135－142.

[93] 田惠敏．绿色金融助力经济高质量发展［J］．中国科技论坛，2018（4）：2－3.

[94] 王灿，喻平．金融创新、金融监管与经济增长［J］．统计与决策，2020，36（7）：137－141.

[95] 王广谦．中国金融发展中的结构问题分析［J］．金融研究，2002（5）：47－56.

[96] 王佳元，李子文，洪群联．推动服务业向高质量发展［J］．宏观经济管理，2018（5）：24－29，63.

[97] 王军，常红．制度环境、金融发展与经济增长［J］．学习与探索，2020（6）：108－116.

[98] 王立伟，刘海燕．对绿色金融促进县域经济发展的思考——以扎鲁特旗为例［J］．北方金融，2021（6）：92－94.

[99] 王美娜，杨孝斌．基于GM（1，1）的贵州省GDP预测及产业结构的灰色关联分析［J］．数学的实践与认识，2021（2）.

[100] 王群勇，陆凤芝．环境规制能否助推中国经济高质量发

展？——基于省际面板数据的实证检验［J］. 郑州大学学报（哲学社会科学版），2018，51（6）：64－70.

［101］王维平，牛新星. 试论”双循环”新发展格局与经济高质量发展的良性互动［J］. 经济学家，2021，4（6）：5－12.

［102］王晓慧. 中国经济高质量发展研究［D］. 长春：吉林大学，2019.

［103］王有军. 推进种植业结构调整　促进农业高质量发展［J］. 现代农机，2021，4（3）：30－31.

［104］魏敏，李书昊. 新时代中国经济高质量发展水平的测度研究［J］. 数量经济技术经济研究，2018，35（11）：3－20.

［105］文书洋，林则夫，刘锡良. 绿色金融与经济增长质量：带有资源环境约束的一般均衡模型构建与实证检验［J/OL］. 中国管理科学：1－11［2021－07－29］. https：//doi. org/10. 16381/j. cnki. issn1003－207x. 2020. 2173.

［106］吴东武，史毓沛，叶勇博. 广东省制造业高质量发展水平评价研究［J］. 五邑大学学报（社会科学版）版），2021，23（2）：60－65，93－94.

［107］夏鹤. 海南省农业高质量发展水平测度分析［J］. 山西农经，2021，4（10）：27－29.

［108］夏杰长，肖宇. 生产性服务业：发展态势、存在的问题及高质量发展政策思路［J］. 北京工商大学学报（社会科学版），2019，34（4）：21－34.

［109］夏祥谦. 各省区市金融发展水平的比较研究［J］. 金融理论与实践，2014（1）：63－68.

［110］肖仁桥，沈路，钱丽. 新时代科技创新对中国经济高质量发展的影响［J］. 科技进步与对策，2020，37（4）：1－10.

［111］谢德地，杨新顺. 金融业发展对新疆经济增长的影响研究［J］. 北方金融，2020（8）：50－54.

[112] 徐铭，沈洋，周鹏飞．数字普惠金融对经济高质量发展的影响研究［J/OL］．资源开发与市场：1 - 10 ［2021 - 08 - 02］．http：//kns. cnki. net/kcms/detail/51. 1448. N. 20210720. 1630. 026. html.

[113] 徐玉莲．区域科技创新与科技金融协同发展模式与机制研究［D］．哈尔滨：哈尔滨理工大学，2012.

[114] 徐璋勇．金融发展质量及其评价指标体系构建研究［J］．武汉科技大学学报（社会科学版），2018，20（5）：545 - 551.

[115] 薛莹，胡坚．金融科技助推经济高质量发展：理论逻辑、实践基础与路径选择［J］．改革，2020（3）：53 - 62.

[116] 闫海春．促进还是抑制？人口老龄化对经济高质量发展的影响——基于内蒙古自治区的实证研究［J］．湖北民族大学学报（哲学社会科学版），2020，38（2）：60 - 67.

[117] 杨凤华．论有效金融监管与我国金融现代化［J］．改革与战略，2008（10）：85 - 87.

[118] 杨圣奎．中国区域金融支持问题研究［D］．长春：吉林大学，2010.

[119] 杨伟民．贯彻中央经济工作会议精神　推动高质量发展［J］．宏观经济管理，2018（2）：13 - 17.

[120] 于漪，李桥兴．提升贵州生态旅游价值［N］．贵州日报，2020（4）.

[121] 余晖．推动制造业高质量发展的四大着力点［N］．社会科学报，2021 - 06 - 17（2）.

[122] 余利丰，邓柏盛，王菲．金融发展与中国生产率增长——随机前沿分析的视角［J］管理科学，2011，（4）：105 - 112.

[123] 宇超逸，王雪标．金融创新对经济高质量发展的实证检验［J］．统计与决策，2021，37（9）：88 - 92.

[124] 原伟鹏，孙慧，闫敏．垂直型环境规制对我国经济高质量发展的影响研究［J］．华东经济管理，2021，35（5）：71 - 81.

[125] 原伟鹏，孙慧．改革开放40年我国西北地区经济高质量发展评价［J］．新疆大学学报（哲学·人文社会科学版），2021，49(1)：23－33.

［126］约翰·格利，爱德华·肖．金融理论中的货币［M］．贝多广，译．上海：上海三联书店，上海人民出版社，1994.

［127］张成思，朱越腾．对外开放、金融发展与利益集团困局［J］．世界经济，2017，40（4）：55－78.

［128］张存刚，王传智．经济高质量发展的内涵、基本要求与着力点——一个马克思主义政治经济学的分析视角［J］．兰州文理学院学报（社会科学版），2021，37（1）：91－95.

［129］张芳，李紧想，孙策．绿色金融投放与经济高质量发展——基于产业结构升级的中介与调节效应研究［J］．浙江金融，2020（1）：59－69.

［130］张景波．城市经济高质量发展的空间差异及收敛性研究［D］．大连：东北财经大学，2019.

［131］张景波．科技创新对区域经济高质量发展的影响——基于中国城市的实证分析［J］．山东科技大学学报（社会科学版），2020，22（4）：88－95.

［132］张军洲．中国区域金融分析［M］．北京：中国经济出版社，1995.

［133］张俊山．对经济高质量发展的马克思主义政治经济学解析［J］．经济纵横，2019（1）：36－44.

［134］张丽伟．中国经济高质量发展方略与制度建设［D］．北京：中共中央党校，2019.

［135］张默，孙科．农业高质量发展理论内涵、水平测度及评价研究［J］．农业经济，2021，4（5）：6－8.

［136］张蕊，余进韬．数字金融、营商环境与经济增长［J］．现代经济探讨，2021（7）：1－9.

[137] 张一林，龚强，荣昭．技术创新、股权融资与金融结构转型 [J]．管理世界，2016 (11)：65－80.

[138] 张颖，黄俊宇．金融创新、新型城镇化与区域经济增长——基于空间杜宾模型的实证分析 [J]．工业技术经济，2019，38 (12)：93－101.

[139] 张运峰，肖文昊，段继红．江苏省金融发展质量评价研究 [J]．市场周刊，2021，34 (2)：64－67，85.

[140] 张祝平．以文旅融合理念推动乡村旅游高质量发展：形成逻辑与路径选择 [J]．南京社会科学，2021，4 (7)：157－164.

[141] 张子豪，谭燕芝．数字普惠金融与中国城乡收入差距：基于空间计量模型的实证分析 [J]．金融理论与实践，2018 (6)：1－7.

[142] 支大林．中国区域金融研究 [D]．长春：东北师范大学，2002.

[143] 钟华星．我国金融高质量发展的现状及对策——基于国际比较的研究 [J]．西南金融，2021 (2)：74－84.

[144] 周丹．面向"一带一路"中欧班列（重庆）发展演化的国际物流与区域经济协同研究 [D]．重庆：重庆理工大学，2020.

[145] 周国富，胡慧敏．金融效率评价指标体系研究 [J]．金融理论与实践，2007 (8)：15－18.

[146] 周韩梅，黎涛瑞．绿色金融、产业结构升级与区域经济高质量发展 [J]．当代金融研究，2021 (Z2)：37－49.

[147] 周文，李思思．全面理解和把握好高质量发展：内涵特征与关键问题 [J]．天府新论，2021，4 (4)：109－117.

[148] 朱荣华．金融开放视角下我国区域金融发展差异研究 [J]．区域金融研究，2014 (2)：14－18.

[149] 庄旭东．我国金融发展水平影响因素研究——基于典型相关分析 [J]．财务与金融，2019 (4)：1－7.

[150] Bencivenga V R. and B. D. Smith. Financial Intermediation and Endogenous Growth. Review of Economic Studies, 1991, 58: 195 - 209.

[151] Collin - Dufresne P., Goldstein R. S., Helwege J. Is credit event risk priced? Modeling contagion via the updating of beliefs [J]. Working paper, 2010.

[152] Edgar M. Hoover & Frank Giarratani. An introduction to regional economics, Alfred A. I Cnop, 1984: 264.

[153] GRAY W B. The Cost of Regulation: OSHA, EPA andthe Productivity Slowdown [J]. American Economic Re - view, 1987, 77 (5): 998 - 1006.

[154] Greenwood J, and Jovanovic B. Financial Development, Growth, and The Distribution of Income. Journal of Political Economy, 1990, 98: 1076 - 1107.

[155] Haken H. Synergetics, Instruction and Advanced Topics [M]. Springer, 2004.

[156] Kuznets Simon, 1973. Modern Economic Growth: Findings and Reflections [J]. American Economic Review, American Economic Association, vol. 63 (3), pages 247 - 258, June.

[157] Saint - Paul G. Technological Choice, Financial Markets and Economic Development. European Economic Review, 1992, 36: 763 - 781.

[158] Slovin MB, Polonchek SJA. The Value of Bank Durability: Borrowers as Bank Stakeholders [J]. The Journal of Finance, 1993, 48 (1): 247 - 266.

后 记

本书是在2019年贵州省社科基金一般项目“新时代贵州经济高质量发展的金融协同路径研究”（编号：19GZYB14）最终研究成果的基础上修改完善形成。笔者作为贵州人，见证了贵州“黄金十年”的发展，脱贫攻坚的“贵州样板”、让人惊叹的“贵州速度”，基于这些现象和事实，思考金融在其中发挥的作用与逻辑机制。恰逢国务院出台《关于支持贵州在新时代西部大开发上闯新路的意见》，是习近平总书记殷切嘱托下对贵州发展的有力支持，也是对贵州高质量发展的新要求，新时代贵州怎样在西部大开发上闯出一条新路？过去“黄金十年”的经验总结十分必要，金融的资源配置作用、与实体经济运行的协同演化规律值得探究。在规律中寻求发展，为发展探寻路径，这也是本书研究的初衷。

课题立项后，项目组从收集文献、贵州省各市州的数据、建模分析等做了诸多努力，以期客观、科学地反映贵州省域及下辖市州经济发展质量与金融发展的协同演化规律，发现协同与不协同的原因。受疫情因素影响，项目组原有方案设计的实地调查、案例调研未能如期开展，让课题研究停留在理论和模型实证层面，缺乏实践的证据是项目研究的不足与遗憾。

本书是项目组全体参与人员共同努力的智慧结晶，贵州大学经济学院硕士研究生樊健、张恒、吴劲蒨、吴孟操、杨进、张彬、杜代地、赵庆向、曾中正、李金沙、姜方红，本科生万青云参与了项目文献、数据收集与整理，及本书部分章节的撰写。项目完成及本书的完稿特别感谢团队研究成员的认真努力，记得炎热的暑假我们在办公室度过了充实的夏天；记得我们为每一个指标收集数据时各种渠道的挖掘；记得我们为模型选择的各种讨论……，就像还在昨天。一分努力一分收获，最终项目以“良好”结题，让我们的付出得到认可。

感谢项目评审的各位专家认真的审阅，并提出了许多中肯的意见，让我们深知自身的不足，更愿意为提升科研能力与素质不懈努力。感谢贵州大学经济学院的各位领导、同仁的支持和帮助，让我们感受科研的氛围和研究的乐趣。感谢贵州省教育厅人文社科重点研究基地“中国喀斯特地区乡村振兴研究院”对本书出版的资助，李建军教授、伍国勇教授为本书的修改提出了宝贵意见。我还要特别感谢我的家人，没有母亲给我“衣来伸手饭来张口”的日子，我也不可能高效地进行项目的研究；因为忽略对家人的陪伴和照顾，让我总有些内疚和遗憾。

本书受贵州省下辖市州部分统计口径、统计数据缺失的限制，因疫情因素未能展开实地调研等原因，加之水平有限，难免有疏漏之处，恳请各位专家、学者与同行批评指正。

熊晓炼

2022年5月15日于贵阳花溪